Publicado por Aurum Books 79
Una división de Bridger Communications
Miami - Florida

Este libro es una publicación original de Ingrid Macher.
Primera impresión: Marzo 2024.

Copyright: Ingrid Macher.

Fotografía: Alex Luna, *IG @AlexLunaStudios*

Aurum Books 79 respalda los derechos de autor.

Los derechos de autor impulsan la creatividad, fomentan las voces diversas y promueven la libertad de expresión.

El logo de Aurum Books 79 es propiedad de Bridger Communications.

ISBN 979-8-9871694-4-5

Ricardo Mejía y Daniel Restrepo.
Diseño por: DEKA, Jonny Torres y David Osorio.

Sigue a Ingrid Macher en
@adelgaza20

Aurum Books 79 Síguenos
IG @aurumbooks79

Contenido

Contenido

Contenido

Dedicatoria.

Este libro va dedicado a Dios, quien, al devolverme la vida, me dio una orden divina de escribirlo y hoy es una realidad.

A mi padre, quien, con su fe, valentía y en su lucha contra el cáncer, me ha enseñado a fortalecer mi fe cada día más y a no rendirme jamás.

A mi madre, por su tenacidad para soportar el dolor y transformarlo en amor.

A mis dos hijas y esposo, quienes son el motor de mi vida y quienes me alientan a levantarme aun en los días que siento que ya no puedo más.

A mis amigas Ana, Sofia, Klara, Angela, Margarita, Nataly y Yosi, por acompañarme en la misión de "Caravana de amor" y entender que hay más dicha en dar que recibir.

A los cientos de miles de mujeres que me escriben a diario, y me cuentan sus testimonios de cómo Dios ha cambiado sus vidas a través de mis prédicas.

A mis fabulosas, quienes me han entregado su confianza para ayudarlas, no solo a transformar sus cuerpos, sus mentes y su salud, sino también a cambiar la vida de sus familias.

Y a los miles de niños, a los cuales tengo la oportunidad de dibujarles una sonrisa y llenarlos de esperanza, demostrándoles que cada día es una nueva oportunidad y que Dios los ama.

"Servir al pobre es hacerle un préstamo al Señor; Dios pagará esas buenas acciones".
Proverbios 19:17 (NVI)

Introducción.

A veces, creemos firmemente que sabemos lo que queremos, que tenemos el control de nuestras vidas y decisiones. Pero la realidad es otra: es Dios quien traza nuestro camino y nos guía, paso a paso, hacia los propósitos que Él ha establecido para nosotras. *"Somos el barro, y Dios es el alfarero" (Isaías 64:8)*, y cada una de nosotras está siendo moldeada para cumplir una misión única y especial.

Esta es mi historia, y te la comparto con un corazón abierto, con la esperanza de que puedas encontrar en ella inspiración, fortaleza y la luz de la fe que me ha sostenido en los momentos más oscuros. Quizás ya me conoces como la coach de transformación que ha acompañado a celebridades y cuenta con millones de seguidores en redes sociales, siendo reconocida como experta en salud y bienestar. Pero lo más relevante de mi experiencia es que luego de perder 50 libras en 90 días, mi corazón ardía en pasión por ayudar a los demás, me sentía fuerte y tenía grandes planes.

Sin embargo, un día de 2017, escuché aquellas palabras: "tienes cáncer de mama", las cuales resonaron en mi mente, y mi vida dio un giro inesperado.

En ese momento, mi fe tambaleó. Me hundí en un mar de preguntas ¿Por qué yo? ¿Por qué habiendo dedicado mi vida a promover la salud, me enfrentaba a esta dura realidad? Fue en la soledad de esos días cuando comprendí que todo formaba parte de un propósito divino, de un plan mayor que Dios tenía para mí.

Me gustaría llevarte de vuelta a un 28 de agosto, al momento en que desperté de una doble mastectomía. El recuerdo de aquel día aún es vívido en mi mente. Me sentía mareada, adolorida, y el mundo parecía girar a mi alrededor. Pero al abrir mis ojos y girar la cabeza, vi la ventana abierta, y a través de ella, un cielo azul tan hermoso y tranquilo que parecía un lienzo pintado por ángeles. Fue entonces cuando supe, con una certeza que resonaba en lo más profundo de mi ser, que Dios me estaba entregando la victoria. Sentí una paz que superaba todo entendimiento y un llamado a servir a Dios de una manera que nunca había experimentado.

La Biblia nos dice: *"Y sabemos que a los que aman a Dios, todas las cosas les ayudan a bien, esto es, a los que conforme a su propósito son llamados" (Romanos 8:28).* A pesar de la oscuridad de la situación, la luz de Dios siempre brillaba, guiándome, sosteniéndome, y recordándome que incluso en la adversidad, Él estaba obrando para mi bien. Me convertí en un testimonio viviente de su gloria, y es por su gracia que hoy celebro más de cuatro años libre de cáncer.

En ese tiempo, descubrí que la verdadera sanación va más allá del cuerpo; se trata de sanar el alma, de encontrar paz en medio de la tormenta y de confiar en que Dios está en control, incluso cuando todo parece desmoronarse. Fue en esos momentos de vulnerabilidad cuando Dios se reveló a mí de maneras asombrosas, fortaleciendo mi fe y mostrándome que siempre había luz al final del túnel.

Este viaje no solo me fortaleció físicamente, sino que también alimentó mi espíritu y clarificó mi misión en esta vida. Comprendí que estaba destinada a algo más grande que yo misma, a ser un instrumento de su amor y misericordia, a ayudar a las personas a descubrir y abrazar la mejor versión de sí mismas en cuerpo, mente y espíritu.

"Reclama lo que es tuyo" no es sólo un libro, es el reflejo de un despertar divino, de un llamado celestial a vivir en plenitud conforme al propósito que Dios ha trazado para cada uno de nosotros. Aunque a veces podamos sentir que nuestras metas están fuera de nuestro alcance, que nos faltan fuerzas o recursos, estoy aquí para recordarte que Dios tiene un plan maravilloso para ti.

Hoy te invito a cumplir un reto de 30 días para transformar tu alma. La única forma de hacerlo es acercándonos al conocimiento de Dios y las instrucciones y promesas que nos ha dejado en Su palabra. Te contaré historias verdaderas que demuestran el gran poder de Dios y su inmenso amor por todos sus hijos. Abriré los rincones más íntimos de mi corazón para compartir contigo lo que Dios ha hecho en mi vida.

Te invito a ver este libro como una señal, como un paso hacia la grandeza a la que estás destinada.

Realiza los pasos al final de cada devocional y explora en la Palabra de Dios Sus grandes promesas para ti, y al mismo tiempo, déjate moldear y preparar para recibir esas bendiciones.

Cada página que leas, cada palabra que reflexiones, es un paso más hacia la luz divina que ilumina nuestros caminos. Recuerdo cómo, en los días de tratamiento y recuperación, la Palabra de Dios fue mi consuelo y mi fortaleza. Fue Él quien me levantó de la cama de hospital, quien secó mis lágrimas y me infundió esperanza.

A lo largo de los próximos 30 días, seremos más que escritora y lectora, seremos compañeras de viaje, amigas que se apoyan y aprenden juntas. Me siento profundamente honrada de compartir contigo las enseñanzas y revelaciones que han transformado mi vida y fortalecido mi fe.

Con cada día que pases explorando este libro, te acercarás más a entender el propósito divino para tu vida. Y siento que no puedo esperar para ser testigo de las maravillas que Dios tiene reservadas para ti, de la forma en que Él te moldeará, te transformará y te guiará hacia la realización de tus sueños y aspiraciones.

En este libro, encontrarás no sólo palabras, sino también mi corazón, mi alma, y la sabiduría que Dios me ha concedido a lo largo de estos años de lucha y redención. Mi transición de ser una madre soltera que trabajaba en dos o tres empleos para mantener a mi hija, haciendo trabajos no tan respetables, a convertirme en una mujer de Dios, superviviente de cáncer, millonaria, autora de best-sellers, y conferencista internacional. ¡Todo un testimonio de la infinita bondad y misericordia del Señor!

Quizás te sorprenda ver que he escrito un libro devocional, ya que no soy pastora. Pero te aseguro, mi amada lectora, que el llamado de Dios no conoce límites ni etiquetas. *"Dios no mira lo que el hombre mira; pues el hombre mira la apariencia exterior, pero el Señor mira el corazón" (1 Samuel 16:7).*

Mi deseo es que, al sumergirte en estas páginas, descubras la magnitud del amor de Dios y cómo Él puede transformar incluso las situaciones más difíciles en bendiciones.

Recuerda, no estás sola en este viaje. Dios va delante de ti, abriendo caminos, y yo estoy aquí, caminando a tu lado, compartiendo las lecciones que he aprendido y la fe que me ha salvado. Cada día es una nueva oportunidad para crecer, aprender y acercarnos más a nuestro Creador. Juntas, vamos a explorar la palabra de Dios, a entender Su voluntad, y a reclamar las bendiciones que Él tiene reservadas para nosotras.

Sé que puede haber momentos de duda, momentos en los que te preguntes si eres lo suficientemente fuerte, lo suficientemente digna. Pero quiero que sepas que eres amada incondicionalmente por Dios, y que Él tiene grandes planes para ti. *"Porque yo sé los planes que tengo para vosotros — declara el Señor—, planes de bienestar y no de calamidad, para daros un futuro y una esperanza"* (Jeremías 29:11).

Este libro es una invitación a abrir tu corazón, a dejarte guiar por la mano amorosa de Dios y a descubrir la paz y la alegría que vienen de vivir en sintonía con Su voluntad. Vamos a sumergirnos en la oración, en la reflexión, y en el estudio de la Biblia, para que juntos podamos fortalecer nuestra relación con Dios y encontrar la dirección y propósito que Él ha preparado para nosotras.

A lo largo de este viaje, te compartiré no solo mis experiencias personales, sino también enseñanzas bíblicas, reflexiones y oraciones que te ayudarán a conectar con Dios de una manera más profunda y significativa.

Mi oración es que, al final de estos 30 días juntas, sientas la presencia de Dios en tu vida de una manera más real y transformadora.

Quiero tomarte de la mano, acompañarte en este viaje de descubrimiento y crecimiento espiritual. Te he estado esperando, y estoy emocionada y honrada de ser tu guía en este encuentro sagrado hacia el conocimiento y la palabra de Dios.

Querida mujer, estoy feliz de compartir esto contigo. Estoy deseosa de ver cómo Dios obrará en tu vida, cómo te transformará y te llevará a lugares que nunca imaginaste. Estás destinada a la grandeza, y este libro es un paso hacia la realización de tu potencial divino.

Dios te ha estado esperando, y yo también. Me siento honrada y bendecida de ser tu guía en este camino hacia el encuentro y la realización espiritual. Oro para que cada palabra que leas sea una semilla plantada en tu corazón, que germine y crezca, llevándote a un encuentro más íntimo y profundo con nuestro amoroso Creador.

Con amor y bendiciones,

Ingrid.

Día 1

La visión y el poder de los Sueños.

Versículo clave: (Reina-Valera 1960):

"Y Jehová me respondió, y dijo: Escribe la visión, y declárala en tablas, para que corra el que leyere en ella. 3 Aunque la visión tardará aún por un tiempo, más se apresura hacia el fin, y no mentirá; aunque tardare, espéralo, porque sin duda vendrá, no tardará".

Habacuc 2:2-3

Comenzar este viaje a través de las palabras y los sueños, es sumergirnos en el poder transformador de Dios para caminar hacia todo lo que una mujer puede alcanzar. Permíteme compartir contigo una historia que marcó mi camino hacia la realización de mis sueños.

Hace aproximadamente dos años y medio, decidí construir mi propio "mapa de sueños". En él, traté con determinación cada uno de los proyectos y metas que deseaba alcanzar en el transcurso de un año. Inspirada por las palabras del libro Habacuc 2:2-3, donde Dios insta a escribir la visión y declararla en tablas, decidí tomar medidas concretas para que mis sueños se hicieran realidad.

La visión es como el viento bajo las alas de un pájaro, impulsándote hacia alturas que nunca imaginaste. Es el faro que ilumina tu camino en las noches más oscuras y la brújula que te guía a través de los mares tumultuosos de la vida.

Desde el momento en que escribí mi visión y la coloqué en un lugar visible, comencé a notar cambios significativos en mi vida. Cada proyecto que había trazado en ese mapa empezó a tomar forma. Mis viajes a lugares lejanos, como París, Italia y España, se convirtieron en experiencias inolvidables. Las temporadas en la nieve que tanto anhelaba se volvieron una realidad. Incluso, uno de mis más preciados premios, que parecía inalcanzable, encontró su camino hacia mí.

Sin embargo, lo más importante es que este mapa de sueños se ha convertido en un recordatorio constante de que los sueños no tienen fecha de caducidad. A veces, las cosas pueden tomar más tiempo de lo que esperábamos, pero eso no significa que no se cumplan. Como dice en ese pasaje de la Biblia, aunque la visión tarde, sin duda vendrá, y no tardará.

Hoy, te animo a qué crees tu propio mapa de sueños. Escribe tus metas y sueños, decláralos en voz alta y colócalos donde puedas verlos todos los días. Al hacerlo, te unes a un poderoso viaje hacia la realización de todo lo que anhelas. Mantén la esperanza y la fe en tu visión, porque, al igual que yo, verás cómo tus sueños se hacen realidad uno a uno.

Oremos:

Padre, en este día me postro ante ti con un corazón lleno de sueños y una visión que anhelo alcanzar. Tú eres mi luz y mi guía, y confío en que has puesto en mí estos sueños por una razón. Hoy, tomaré un paso audaz hacia mi visión. Declaro con valentía mis metas y mis anhelos. Creo que, aunque los desafíos puedan surgir y los obstáculos puedan parecer insuperables, Tú, Señor, eres mi refugio y mi fortaleza. Con tu ayuda, puedo superar cualquier adversidad. No permitiré que el miedo o la duda me detengan. Tengo una visión que seguir, un propósito que cumplir y una fe que me guía. Sé que mis sueños no tienen fecha de vencimiento porque Tú, Señor, eres fiel en llevar a cabo tus promesas. Así que, en este día, me levanto con determinación y confianza. Tomo cada paso con fe, sabiendo que, aunque la visión tarde, sin duda vendrá, y no tardará. En tu nombre, Señor, reclamo mi visión y avanzó hacia ella con pasos firmes en el nombre poderoso de tu hijo Jesucristo, Amén.

1. ¿Cuáles son los sueños que aún albergas en tu corazón?

_____

_____

_____

_____

_____

_____

_____

_____

_____

2. Escribe las cosas que crees que te separan de cumplir esos sueños.

3. ¿Has renunciado a algún sueño porque piensas que es muy tarde para que se cumpla? Si es así, escríbelo aquí.

1. Empieza a escribir tu mapa de sueños,

comenzando por los sueños a corto plazo (un año) y escribe cuáles son los pasos que crees que debes dar de tu parte para alcanzarlos. Haz una oración por aquellos pasos que no dependen de ti y pónlos en las manos de Dios.

Haz una oración por aquellos
pasos que no dependen de ti y
pónlos en las manos de Dios.

5. Reflexiona en los siguientes versículos:

- *2 de Pedro 3:9* **(El Señor no retarda su promesa, según algunos la tienen por tardanza, sino que es paciente para con nosotros, no queriendo que ninguno perezca, sino que todos procedan al arrepentimiento).**

· *2 de Corintios 5:7 **(porque por fe andamos, no por vista).***

Día 2

Eres amada por Él.

Versículo clave:

"Pero ustedes son una familia escogida, un sacerdocio al servicio del rey, una nación santa, un pueblo adquirido por Dios. Y esto es así para que anuncien las obras maravillosas de Dios, el cual los llamó a salir de la oscuridad para entrar en su luz maravillosa".

1 Pedro 2:9

Hace algunos años, me encontraba en una etapa de mi vida en la que me sentía abrumada y, en ocasiones pérdida. Las presiones diarias, las responsabilidades y las expectativas sociales habían comenzado a nublar mi percepción de quién era y cuál era mi propósito en la vida. Como mujer, madre, esposa y empresaria, sentía que debía cumplir con una serie interminable de roles y expectativas, y me encontraba agotada.

Fue en uno de esos momentos de reflexión y oración que el versículo clave de hoy, 1 Pedro 2:9, resplandeció ante mí como una luz en medio de la oscuridad. Al leer estas palabras, comprendí que no estaba sola ni perdida en medio de la multitud de responsabilidades. En cambio, Dios me estaba llamando a ser parte de su "linaje escogido", a ser parte de su familia, un sacerdocio real, una nación santa, su propio pueblo adquirido.

Aquí es donde la historia cobra vida. Imagina un jardín diverso lleno de flores de diferentes colores y formas. Cada una de estas flores es única y especial, pero todas comparten un propósito común: embellecer el jardín. Dios me mostró que yo era una de esas flores en su jardín. Tenía un propósito único y significativo en su plan divino.

Mis inseguridades y dudas no eran más que sombras temporales que ocultaban mi verdadero valor. Dios me estaba llamando a salir de esas tinieblas auto impuestas y a entrar en su luz admirable, donde podría reconocer plenamente mi identidad y propósito en Él.

A través de este devocional, quiero que tú también descubras tu verdadero valor y propósito en Dios. Quiero que te des cuenta de que eres única en sus ojos y profundamente amada por Él. Durante estos días de empoderamiento espiritual, te guiaré en un viaje para abrazar tu identidad en Cristo, para encontrar fortaleza y confianza en tu caminar, al igual que lo hice yo.

Recuerda, tu verdadero valor no está determinado por las opiniones de los demás ni por los estándares del mundo. Se encuentra en tu relación con Dios y en tu identidad como su hija. Al abrazar esta verdad, podrás caminar con confianza, seguridad y valentía, sabiendo que estás respaldada por el amor y la fuerza del Creador del universo.

Oremos:

Amado Padre celestial, Te agradecemos por tu amor incondicional y por llamarnos a ser parte de tu familia, tu pueblo escogido. En este momento, te pedimos que nos ayudes a reconocer nuestro verdadero valor en ti. Ayúdanos a abrazar nuestra identidad como tus hijas y a vivir de acuerdo con el propósito que nos has encomendado.

Que tu Espíritu Santo nos guíe en el camino hacia el cumplimiento de tus designios para nuestras vidas. En el nombre poderoso de tu hijo Jesucristo, amén.

1. Escribe las ocasiones en las que te has sentido sin valor.

2. Reflexiona sobre lo que dice Dios
sobre nosotros en los siguientes versículos y
personalízalos con tu nombre.

· *1 Pedro 3:7 (**Vosotros, maridos, igualmente, vivid con
ellas sabiamente, dando honor a la mujer como a vaso
más frágil, y como a coherederas de la gracia de la
vida, para que vuestras oraciones no tengan estorbo).**

· *2 de Corintios 5:17 (**De modo que, si alguno está en
Cristo, nueva criatura es; las cosas viejas pasaron; he
aquí todas son hechas nuevas).**

- *Salmos 17: 8 **(Guárdame como a la niña de tus ojos; Escóndeme bajo la sombra de tus alas).***

- **Ahora escribe lo que piensas de ti mismo (a).**

Día 3

Ella se ríe sin temor al futuro, porque sabe que Dios está cuidándola.

Versículo clave:

"Ella se ríe sin temor al futuro, porque sabe que Dios está cuidándola".

Proverbios 31:25

Vivimos en una era llena de estrés y preocupaciones constantes. Las presiones del trabajo, las relaciones y las expectativas sociales pueden sentirse como un torbellino que amenaza con robarnos la alegría. En momentos así, es fácil caer presa de la ansiedad y las dudas sobre el futuro. Sin embargo, en medio de esta agitación, la Palabra de Dios brilla como un faro de esperanza, invitándonos a reclamar lo que es nuestro: una profunda alegría y una confianza inquebrantable en Dios.

Quizás me preguntarás ¿cómo la confianza en Dios puede transformar nuestra ansiedad en alegría y seguridad en el futuro? Hablemos nada más y nada menos que de María, la madre de Jesús. Y, es que cuando el ángel Gabriel le anunció que sería la madre del Salvador del mundo, su vida se llenó de incertidumbre. Ella enfrentaba el estigma social y el temor de cómo sería recibida esta noticia por su familia y su comunidad. Pero en medio de todas estas preocupaciones, María respondió con una profunda confianza en Dios.

Su cántico de alabanza, conocido como el "Magníficat," revela su alegría y confianza en el Señor. María dijo: *"Me río sin temor al futuro, porque sé que Dios me cuida."* A pesar de todas las circunstancias desconcertantes que enfrentaba, María confiaba en que Dios estaba a cargo y que Su plan era perfecto.

María encontró fuerza y consuelo en Dios a medida que enfrentaba un futuro incierto. A menudo, seguramente se preguntaba cómo sería criar al Hijo de Dios y cómo enfrentaría los desafíos que se avecinaban. Pero en lugar de dejar que la ansiedad se apoderará de su corazón, María eligió confiar en Dios y encontrar alegría en Su plan.

Ella entendió que, a pesar de las dificultades, su vida estaba en manos de un Dios que la amaba profundamente y que la cuidaría en cada paso del camino. Su confianza la liberó de la ansiedad y le permitió abrazar una profunda alegría en medio de la incertidumbre.

Al igual que María, a veces enfrentamos momentos de ansiedad y duda sobre el futuro. En este mundo lleno de incertidumbre, es natural sentir preocupación por lo que vendrá. Las presiones del trabajo, las expectativas sociales y las responsabilidades pueden pesar sobre nosotros, nublando nuestra visión y robándonos la alegría.

Pero hoy quiero recordarte que esta historia de María nos revela un hermoso secreto: cuando confiamos en Dios y en Su cuidado amoroso, podemos reír sin temor al futuro. Esta no es una risa superficial o ignorante de las realidades de la vida, sino una risa profunda y arraigada en la confianza en el amor y el propósito de Dios.

María nos muestra que, a pesar de las circunstancias desconcertantes que enfrentaba, ella confiaba en que Dios estaba a cargo y que Su plan era perfecto. Y eso mismo es válido para nosotras hoy. Aunque el camino pueda parecer incierto y las tormentas de la vida amenacen con desviarnos, podemos aferrarnos a la verdad de que Dios está cuidando de nosotras y guiando cada aspecto de nuestras vidas.

Es un recordatorio asombroso de que no estamos solas. No importa cuán complicado sea el camino o cuántas preguntas tengamos sobre el futuro; Dios está con nosotras. Y esa compañía divina nos permite reír con alegría, sabiendo que no importa lo que venga, Él está a nuestro lado.

Hoy, te invito a reclamar esta promesa como tuya, *"Ella se ríe sin temor al futuro, porque sabe que Dios está cuidándola." (Proverbios 31:25)*

Permítele llenar tu corazón con una risa que proviene de la confianza en el amor y el propósito de Dios para ti. Aférrate a la verdad de que Él está cuidando de ti en cada paso del camino y que puedes enfrentar el futuro con valentía y alegría.

Que esta promesa, grabada en tu corazón, te recuerde constantemente que tienes un Dios que te ama profundamente, que te cuida y que camina contigo en cada capítulo de tu vida. En Su amor y dirección, puedes encontrar la fortaleza para reír sin temor, sin importar las circunstancias que te rodeen.

Oremos:

Querido Dios:

Hoy nos postramos ante Ti con gratitud por recordarnos que no debemos permitir que la ansiedad y la preocupación dominen nuestras vidas. A través de la promesa en Proverbios 31:25 y la historia de María, entendemos que podemos abrazar el futuro con confianza y alegría, sabiendo que Tú cuidas de nosotras en todo momento.

Ayúdanos a dejar atrás la inquietud y a recibir la paz que solo Tú puedes brindar. Que esta promesa sea un recordatorio constante de que podemos reír sin temor, confiando en Tu amor y dirección. En el nombre poderoso de tu hijo Jesucristo, amén.

1. Escribe cuáles son las cosas que te producen inseguridad en cuanto al futuro.

_____
_____
_____
_____
_____
_____
_____
_____
_____
_____
_____
_____
_____

2. Reflexiona en los siguientes versículos:

- *Juan 14:26 (**Mas el Consolador, el Espíritu Santo, a quien el Padre enviará en mi nombre, él os enseñará todas las cosas, y os recordará todo lo que yo os he dicho**).*

- *Salmos 56:13 (**Porque has librado mi alma de la muerte, Y mis pies de caída, Para que ande delante de Dios. En la luz de los que viven**).*

Lee el Salmo 23 en su totalidad y hazlo tu oración diaria.

Día 4

Fortaleciendo tu FE.

Versículo clave:

"Consideren pura alegría, hermanos míos, el hecho de enfrentarse a diversas pruebas, porque ya saben que la prueba de su fe produce constancia".

Santiago 1:2-3

La vida cotidiana nos presenta una serie de desafíos con los que todas podemos identificarnos. A veces, se siente como si el mundo entero estuviera en tu contra.

Yo entendí que las pruebas y los desafíos son una parte inevitable de la vida. Pueden tomar muchas formas: dificultades de salud, dificultades financieras, puede ser un día agotador en el trabajo, puede ser que se te daña el carro, o que tuviste una discusión con un ser querido y quedaste con el corazón herido, o la presión constante de las responsabilidades diarias.

Ante estas situaciones ¿cuál es tu primera reacción? Lo más común, es que te sientas abrumada, preocupada o incluso enojada ante estas pruebas. Pero hoy, te invito a cambiar tu perspectiva y fortalecer tu fe en medio de las adversidades de la mano del versículo clave de hoy: *Santiago 1:2-3 "Consideren pura alegría, hermanos míos, el hecho de enfrentarse a diversas pruebas, porque ya saben que la prueba de su fe produce constancia."*

Esta verdad puede parecer un tanto irónica. ¿Cómo podemos encontrar alegría en medio de las pruebas y dificultades? La respuesta está en el crecimiento que experimentamos cuando enfrentamos estos desafíos con fe y perseverancia.

Permíteme compartir contigo una historia inspiradora de una mujer que vivió hace miles de años, una mujer que enfrentó pruebas extraordinarias con una fe inquebrantable: Rut.

Rut era una mujer moabita que enfrentó circunstancias difíciles desde el principio. Perdió a su esposo y quedó viuda a una edad temprana. En lugar de regresar a su tierra natal, Rut eligió quedarse con su suegra, Noemí, y seguir a Dios. Esta decisión la llevó a una tierra extranjera, donde enfrentaría pruebas y dificultades desconocidas.

Una de las pruebas más notables en la vida de Rut fue su labor en los campos de Booz. Después de llegar a Belén junto a su suegra Noemí, Rut se encontró en una situación desafiante. Como viuda en una tierra extranjera, tenía que buscar una forma de proveer para sí misma y para Noemí. Su humildad y determinación la llevaron a tomar la decisión de recoger espigas en los campos, una tarea que requería un trabajo arduo bajo el sol caliente del Medio Oriente.

Imagina a Rut, día tras día, caminando detrás de los segadores, recogiendo las espigas que quedaban en el suelo. Esta labor no solo era físicamente agotadora, sino que también la exponía a situaciones de vulnerabilidad. Siendo extranjera, podría haber enfrentado el rechazo o el menosprecio por parte de otros trabajadores en los campos.

A pesar de todas estas dificultades y la incertidumbre de su situación, Rut perseveró en su labor con humildad y fe. No se quejó ni se rindió ante las adversidades que enfrentaba. En cambio, continuó trabajando diligentemente, confiando en que Dios la guiaría y proveería para ella y Noemí.

La historia de Rut en los campos de Booz es un testimonio de su firmeza y confianza en Dios en medio de la adversidad. En lugar de permitir que las pruebas la debilitaran, eligió crecer a través de ellas. Su fe inquebrantable y su actitud positiva atrajeron la atención de Booz, quien más tarde se convertiría en su esposo y su redentor.

Este episodio en la vida de Rut nos recuerda que las pruebas a veces nos llevan a situaciones desafiantes, que tal vez nunca llegamos a imaginar que nos podrían ocurrir a nosotras, pero estas situaciones son oportunidades para demostrar nuestra fe y confianza en Dios. Rut nos enseña que, incluso en medio de la incertidumbre y la dificultad, podemos perseverar con humildad y fe, confiando en que Dios está obrando en nuestras vidas para nuestro bien.

Mujer, al igual que Rut, es posible que ahorita estés pasando en tu vida cosas que te desafían, te botaron del trabajo, tu marido te dejo, tienes un diagnóstico, tu hijo está en malos pasos, pero no te desanimes, sigue confiando en Dios porque Él está en el asunto, Él simplemente quiere reafirmar tu fe, ver dónde te encuentras en cuanto a tu confianza en Él y cuál es la actitud que tomas ante las pruebas donde tienes poco, para que cuando Él te dé más, pueda tener confianza en que tú vas a seguir a su lado.

Él está contigo en medio de estas pruebas, guiándote y fortaleciendo tu fe. A medida que perseveras, puedes desarrollar una fe inquebrantable, y entender que estas dificultades no vienen para derrotarte, sino que vienen para hacerte avanzar y llevarte al nivel que Dios ya tiene designado para ti, hasta el esposo que Dios ya tiene designado para que te acompañe el resto de tu vida. Dios conoce tus anhelos en el trabajo, sabe cuál es la casa de tus sueños, tu deseo de tener un hijo. Dios sólo está esperando que confíes en Él para dártelo todo. Las pruebas son como el terreno fértil en el que la constancia espiritual crece y florece.

Ahora, yo te invito a que te levantes todos los días y te enfoques en las cosas positivas que tienes como estar respirando, en que hoy pudiste abrir los ojos a un nuevo día lleno de oportunidades y que le digas a Dios: Señor yo sé que mis problemas parecen graves o interminables, pero también sé que tú tienes el poder para resolverlos y por eso hoy yo me regocijo, hoy siento gozo en mi corazón porque sé que todo lo que está pasando es una transición y tú estás en control.

Oremos:

Amado y misericordioso Padre celestial:

Hoy, nos postramos ante Ti con gratitud por la profunda sabiduría contenida en Santiago 1:2-3 y la impactante historia de Rut. Te pedimos que ilumines nuestro entendimiento para que veamos las pruebas en nuestra vida diaria como oportunidades preciosas para fortalecer nuestra fe y forjar una constancia inquebrantable en nuestra relación contigo.

En medio de las dificultades, concédenos la gracia de experimentar una alegría que trasciende las circunstancias, una alegría que emana de la certeza de que Tú estás obrando en nuestras vidas para nuestro mayor bien. Que nuestra fe no sólo crezca, sino que florezca, arraigada en la confianza en Tu amor inmutable y cuidado constante.

En el nombre de Jesús, oramos, confiando en que Tú guiarás nuestros pasos en cada prueba y nos llevarás a través de ellas, más fuertes y más cerca de Tu corazón amoroso. Amén.

1. Hoy agradece a Dios por todos los momentos
en que te ha socorrido y te ha mostrado su amor.

2. Reflexiona en los siguientes versículos:

· *Romanos 8:18* **(Pues tengo por cierto que las aflicciones del tiempo presente no son comparables con la gloria venidera que en nosotros ha de manifestarse).**

_____
_____
_____
_____
_____
_____
_____
_____
_____

· *2 Corintios 12:9* **(Y me ha dicho: Bástate mi gracia; porque mi poder se perfecciona en la debilidad. Por tanto, de buena gana me gloriaré más bien en mis debilidades, para que repose sobre mí el poder de Cristo).**

_____
_____
_____
_____
_____
_____
_____
_____
_____
_____

• *Salmos 121:1-2 (**Alzaré mis ojos a los montes; ¿De dónde vendrá mi socorro? Mi socorro viene de Jehová, Que hizo los cielos y la tierra**).*

Día 5

Presenta tus peticiones a DIOS.

Versículo clave:

"No se inquieten por nada; más bien, en toda ocasión, con oración y ruego, presenten sus peticiones a Dios y denle gracias. Y la paz de Dios, que sobrepasa todo entendimiento, cuidará sus corazones y sus pensamientos en Cristo Jesús".

Filipenses 4:6-7

¿Te ha pasado que conoces a una persona que se levanta todos los días preocupada, y ni siquiera sabe por qué?

Esa persona tiene temor de que algo malo pase en el día, piensa que nunca va a poder tener el trabajo de sus sueños o que quizás si se sube en su auto a manejar, se encontrará con un tráfico enorme y ya comienza el día estresada o inquieta, con una perspectiva totalmente negativa. ¿Te has encontrado con una persona así? O… ¿Esa persona eres tú?

Hoy quiero hablarte de todos los motivos que tienes para no estar preocupada. El versículo clave de hoy, es una palabra que Dios viene a darte y que va a iluminar tus días. Con esta promesa, Dios quiere asegurarse que ese torbellino que enfrentas en la vida diaria y que a veces no es real, sino tan solo una película que te haces en la cabeza, no te robe la paz.

¿Alguna vez has tenido la experiencia de cargar una mochila pesada durante una larga travesía? Imagina que esta mochila representa todas tus preocupaciones, miedos y ansiedades. A medida que avanzas en tu viaje, esa mochila se vuelve cada vez más pesada. Te hace sentir agotada y, en ocasiones, te hace tambalear por su peso.

Y es allí cuando la palabra de Dios llega como un alivio para tus hombros cansados: *"No se inquieten por nada; más bien, en toda ocasión, con oración y ruego, presenten sus peticiones a Dios y denle gracias. Y la paz de Dios, que sobrepasa todo entendimiento, cuidará sus corazones y sus pensamientos en Cristo Jesús." (Filipenses 4:6-7)*

Imagina que esta promesa es como un ayudante que camina a tu lado durante ese largo viaje. Este ayudante te dice: *"No necesitas llevar esa mochila pesada de preocupaciones, déjame ayudarte a llevarla."* Con cada oración que ofreces y cada acción de gracias que das, descubres que la mochila se vuelve más liviana. Poco a poco, sientes cómo el peso de la ansiedad se desvanece.

Como si fuera un mágico equipaje de mano, puedes poner tus preocupaciones en manos de Dios. Él cuidará de ellas, permitiéndote caminar con ligereza y libertad. En lugar de arrastrar esa pesada carga de miedo y ansiedad, puedes avanzar con confianza, sabiendo que la paz de Dios, que es más grande de lo que puedes comprender, cuidará de tu corazón y tus pensamientos en Cristo Jesús.

Esta historia a lo mejor te resultará familiar, hace poco conocí a una mujer como tú y como yo. Su vida estaba llena de responsabilidades, desde cuidar de su familia hasta cumplir con sus compromisos laborales y personales. Las preocupaciones por el futuro y las responsabilidades constantes la mantenían despierta por la noche, preguntándose cómo lograrlo todo.

La ansiedad constante se había convertido en una compañera silenciosa pero devastadora en su vida. Su mente estaba siempre en movimiento, calculando, planeando y preocupándose. Esto comenzó a afectar su salud de manera significativa. El insomnio se convirtió en su nueva normalidad, y la fatiga constante se apoderó de su cuerpo. Comenzó a notar dolores de cabeza frecuentes y una sensación de opresión en el pecho que no la abandonaba.

Un día, mientras buscaba alivio en medio de la agitación, esta mujer encontró Filipenses 4:6-7. La Escritura le habló directamente al corazón, ofreciéndole una senda hacia la paz en medio de las preocupaciones. Aprendió a tomar en serio esta promesa de Dios, dedicando tiempo diario a la oración y la gratitud.

Con el tiempo, notó un cambio notable en su vida. Aunque las circunstancias no cambiaron drásticamente, su capacidad para enfrentar los desafíos cotidianos mejoró significativamente. Encontró una paz que, como describe la Biblia, "sobrepasa todo entendimiento". Esta paz no dependía de las circunstancias, sino de su relación con Dios.

Esta misma promesa te invita a ti también a experimentar la paz en medio de la agitación. A través de la oración constante y la gratitud sincera, puedes encontrar la paz sobrenatural de Dios. ***Reclama la promesa de Filipenses 4:6-7 como tuya y permite que la paz de Dios cuide tus pensamientos y*** *emociones en medio de las vicisitudes de la vida.*

En medio del ajetreo y las preocupaciones, puedes encontrar un oasis de paz en la oración y la gratitud. Confía en que Dios cuidará tus pensamientos y emociones, brindándote una tranquilidad que no se ve afectada por las circunstancias.

Con esta promesa, puedes reclamar tu promesa divina: Dios cuidará tus corazones y tus pensamientos. En medio de la tormenta, encontrarás una paz que va más allá de la comprensión humana.

Oremos:

Amado Dios,

Hoy, vengo ante con un corazón humilde, te agradezco por el tesoro de Filipenses 4:6-7, que se convierte en mi refugio en tiempos de inquietud. En un mundo tan lleno de ruido y ansiedad, encuentro paz en Tu Palabra. Concede que pueda entregar todas mis preocupaciones a Tu presencia en la oración, confiando en que Tú eres mi protector.

Permíteme experimentar esa profunda paz que supera todo entendimiento humano, la paz que abraza nuestros corazones y tranquiliza nuestros pensamientos. En el nombre de Jesús, oro, depositando mis cargas en Ti y confiando en que me llenarás con Tu serenidad en medio de las tormentas de la vida. Te pido en el nombre poderoso de tu hijo Jesucristo, Amén.

1. Identifica las preocupaciones
que llegan a tu pensamiento todos los días.

2. Ahora escribe cuáles son esas preocupaciones que estás dispuesto (a) a dejar a los pies de Jesús, entregando a Dios todas tus cargas.

3. Reflexiona en los siguientes versículos:

- *Salmos 55:22-23 (**Echa sobre Jehová tu carga, y él te sustentará; No dejará para siempre caído al justo. Mas tú, oh, Dios, harás descender aquellos al pozo de perdición. Los hombres sanguinarios y engañadores no llegarán a la mitad de sus días; Pero yo en ti confiaré**).*

- *Jeremías 17:7-8 (**Bendito el varón que confía en Jehová, y cuya confianza es Jehová. Porque será como el árbol plantado junto a las aguas, que junto a la corriente echará sus raíces, y no verá cuando viene el calor, sino que su hoja estará verde; y en el año de sequía no se fatigará, ni dejará de dar fruto**).*

· *Isaías 43:2 (**Cuando pases por las aguas, yo estaré contigo; y si por los ríos, no te anegarán. Cuando pases por el fuego, no te quemarás, ni la llama arderá en ti**).*

· *Filipenses 4:19 (**Mi Dios, pues, suplirá todo lo que os falta conforme a sus riquezas en gloria en Cristo Jesús**).*

1. Ahora escribe cómo te hacen sentir
estas verdades en las promesas de Dios.

Día 6

Reclama tu Sanidad.

Versículo clave:

"Pero yo te devolveré la salud y sanaré tus heridas, lo afirma el Señor".

Jeremías 30:17

Quise comenzar este día compartiendo una parte importante de mi propia historia, porque sé que puede resonar profundamente en tu interior. Como muchas de ustedes ya lo saben, he sobrevivido al cáncer. Pasé por momentos oscuros, enfrentando una enfermedad que sacudió mi mundo y el de mi familia, además me llevó a tomar una decisión súper difícil para cualquier mujer, me tocó decirles adiós a mis senos y me sometí a una doble mastectomía. Han pasado cuatro años desde que entré en remisión, y quiero decirte que la gloria es de Dios.

En medio de este difícil capítulo de mi vida, me aferré a una promesa, a un versículo que se volvió mi refugio, Jeremías 30:17. Este versículo no solo me dió esperanza, también me inspiró a reclamar mi sanidad con valentía y confianza, a pesar del dolor y de las circunstancias desafiantes.

Ahora, quiero contarte una historia plasmada en la Biblia que tocó cada fibra de mi alma. Es la historia de una mujer que sufrió hemorragias durante doce largos años, la historia está en el libro de Lucas capítulo 8, versos 43 al 48. Puedes imaginar la agonía de ese tiempo, donde las mujeres cuando tenían su periodo eran rechazadas o discriminadas, para ella cada día se convertía en una batalla contra la enfermedad, dolor y cada noche luchaba contra la desesperanza. Ella agotó todos sus recursos en médicos y tratamientos, buscando incansablemente una solución a su sufrimiento, pero sin encontrar alivio.

Ella sabía que simplemente necesitaba tocar el manto de Jesús, y su fe ardiente la impulsó a acercarse sigilosamente. Imagina la escena: una multitud apretujada alrededor de Jesús, todos tratando de acercarse a Él, pero ella, en su debilidad y determinación, se arrastró por entre las piernas de la gente. Cada pulgada era una lucha, y el temor a ser descubierta la embargaba. Pero nada la detuvo.

Finalmente, su mano temblorosa alcanzó el borde del manto de Jesús. En ese momento, sintió una corriente de energía atravesar su cuerpo. Sus lágrimas de sufrimiento se convirtieron en lágrimas de asombro y gratitud. Ella sabía que estaba sanada. Pero, Jesús, dándose cuenta de lo que había sucedido, detuvo la multitud y preguntó: "¿Quién me tocó?" Sus discípulos, sorprendidos por la pregunta en medio de la multitud, respondieron que muchas personas lo estaban tocando.

Pero Jesús sabía que no había sido un toque común. Miró a su alrededor y sus ojos se encontraron con los de la mujer. Temblando de miedo y asombro, ella se postró delante de Él y contó toda la verdad. En ese momento, Jesús la miró con compasión y le dijo: "Hija, tu fe te ha sanado. Vete en paz."

Yo de tan solo imaginarme la mezcla de emociones que inundaron el corazón de esta mujer me llena de gozo. Su historia no solo es un testimonio de su fe inquebrantable, sino también de la compasión y el poder de Jesús para sanar incluso las heridas más profundas.

Al igual que esta mujer, podemos enfrentar momentos en los que nuestras vidas parecen estar llenas de sufrimiento y desesperanza. Pero, como ella, podemos acercarnos a Jesús con fe inquebrantable y tocar el borde de Su manto de gracia y sanidad. Su amor y compasión están disponibles para cada uno de nosotros, sin importar cuán profunda sea nuestra herida emocional. Y cuando lo hacemos, encontramos sanidad, restauración y una paz que sobrepasa todo entendimiento.

En la enfermedad muchas veces nos dedicamos a quejarnos en vez de creer que Dios nos puede sanar, que podemos recibir su compasión, que podemos recibir lo que es incierto, pero sabemos que Dios nos dio la promesa y debemos reclamarla todos los días y actuar como si ya la tuviéramos.

Puedo identificarme profundamente con esta mujer, con sus largos años de dolor y búsqueda de sanidad. Al igual que ella, mi lucha contra el cáncer fue ardua, y mis esperanzas en ocasiones se desvanecieron en medio de la incertidumbre. ***Pero, al igual que esta valiente mujer, encontré una fuente de esperanza que trasciende las circunstancias: Jeremías 30:17.***

Hoy te invito a encontrar esa misma valentía en tu interior. Te pido que cierres los ojos un momento y visualices cada célula de tu cuerpo siendo restaurada por el poder sanador de Dios. Imagina tu corazón y tu mente siendo liberados de las heridas emocionales que han dejado cicatrices. *No permitas que las circunstancias actuales te definan; en cambio, permite que la promesa de Jeremías 30:17,* acuérdate que la fe mueve montañas porque van a haber situaciones en las que todo va a parecer que llegó el final y la única esperanza que vas a tener es que tenemos un Dios que es el médico que nos devuelve la salud y nos levanta

Te insto a enfrentar tus situaciones de salud con una renovada determinación.

Reclama tu sanidad y la de tu familia di en voz alta que la promesa de Dios es tuya y que confías en que Él está obrando en cada área de tu vida. Enfrenta cada día con la certeza de que el Dios que te creó es también el Dios que te sana. A través de esta promesa, encuentra la esperanza y la fortaleza para seguir adelante, sabiendo que estás rodeada por el amor y su cuidado divino.

Ten presente que la sanidad no es solo física, sino también emocional. Al igual que esa valiente mujer de la Biblia, podemos encontrar la fuerza para superar nuestras heridas emocionales en las promesas de Dios. Confía en que Él puede sanar cada parte de tu ser, tanto por dentro como por fuera. Las heridas emocionales también pueden sanar con el amor y el cuidado de Dios, permitiéndote encontrar la paz y la restauración en las áreas más profundas de tu corazón.

En la oración de hoy, por favor entrégate por completo a Dios. Háblale desde lo más profundo de tu corazón. Reconoce tus heridas, tanto físicas como emocionales, y ofrécelas a Dios con sinceridad y confianza. Permítete ser abrazada por Su amor sanador. Deja que esta promesa de Jeremías 30:17 llene tu ser con esperanza y renovación.

Oremos:

Amado Padre celestial, hoy te presento mis necesidades de salud y bienestar. Reconozco que enfrento desafíos y heridas que sólo Tú puedes sanar. Te agradezco por la promesa en Jeremías 30:17, una promesa que me invita a reclamar mi sanidad con fe y valentía.

Hoy, tomo un paso audaz hacia adelante. Reclamo tu promesa para mí y para mi familia. Visualizo tu poder sanador fluyendo en cada parte de nuestro ser. Te pido que restaures lo que está dañado y cures lo que está herido. No permitas que las preocupaciones me consuman; en cambio, confío en tu amor incondicional y en tu plan perfecto.

Gracias por ser mi sanador y mi refugio en medio de las tormentas. Gracias por brindarme la esperanza y la fortaleza para enfrentar cada día con valentía. Confío en que estás obrando en cada área de mi vida y la de mi familia. En el poderoso nombre de tu hijo Jesucristo, amén.

1. La Palabra de Dios dice que, *por las heridas de Jesucristo, fuimos todos sanados.*

Apodérate de esa promesa mientras lees esta porción de las escrituras en *Isaías 53:5.*

2. Medita en las promesas de Dios presentes en estos versículos:

Salmo 107:20
"Envió su palabra, y los sanó,
Y los libró de su ruina".

Salmos 41:4
"Yo dije: Jehová, ten misericordia de mí;
Sana mi alma, porque contra ti he pecado"

Salmo 147:3
"Él sana a los quebrantados de corazón,
Y venda sus heridas".

3. En Lucas 6:19 podemos leer:

*"Y toda la gente quería tocarlo, porque salía
de él una fuerza que sanaba a todos".*

Jesucristo es el mismo, ayer, hoy y siempre. Hoy podemos tocarlo con nuestra fe y recibir ese poder sanado, confiando en que Él haría la obra en nosotros.

Escribe una oración personal pidiendo sanidad física y espiritual para tu vida.

_____

_____

_____

_____

_____

_____

_____

_____

_____

_____

_____

_____

_____

_____

_____

_____

_____

_____

_____

_____

_____

_____

Día 7

Sana tus heridas.

Versículo clave:

"Dios declara: 'Te devolveré la salud y sanaré tus heridas.".

Jeremías 30:17

Me dirijo a ti con el corazón lleno de emoción y una profunda conexión, porque conozco tu valentía y fuerza. Tal vez te encuentres en un rincón oscuro de tu vida, donde las heridas emocionales y físicas parecen insuperables. Un día me llegó un mensaje de una mujer llamada Alejandra, había estado luchando contra una enfermedad crónica durante años. Su día a día era en una batalla constante, y el dolor puede parecer insoportable en ocasiones.

Además de su lucha física, Alejandra también cargaba heridas emocionales de relaciones pasadas que habían dejado cicatrices profundas en su corazón. La ansiedad y la tristeza le estaban robando la paz y la felicidad.

Alejandra, una mujer extraordinaria que enfrentó sus momentos difíciles con valentía se dio cuenta que su enfermedad y heridas emocionales la llevaron a un lugar de desesperación. Había días en que el dolor era tan intenso que simplemente levantarse de la cama era un desafío abrumador. Pero Alejandra no se rindió.

Un día le dije lo mismo que te voy a decir a ti, Dios declara: *"Te devolveré la salud y sanaré tus heridas" Jeremías 30:17.* Esta es una promesa de que Dios puede traer sanidad y restauración a todas las áreas de tu vida, física, emocional y espiritualmente.

Ella buscó tratamientos y consultó a médicos de manera constante. A veces, se sentía como una maratonista que continuamente avanza a pesar de los obstáculos en su camino. Las heridas emocionales que había acumulado a lo largo de los años eran como cadenas que intentaban arrastrarla hacia abajo. Pero ella sabía que había algo más grande en juego: su salud, su felicidad y su futuro.

La historia de Alejandra refleja las luchas cotidianas que muchas de nosotras enfrentamos. Estamos inmersas en desafíos laborales, personales y de salud que a veces pueden parecer abrumadores. Las demandas de la sociedad nos presionan y las preocupaciones nublan nuestra paz y alegría.

No obstante, Alejandra nos enseña una lección valiosa: sin importar cuán complejas sean nuestras circunstancias, la promesa de Jeremías 30:17 sigue siendo relevante para cada una de nosotras. Con determinación y fe, Alejandra comenzó a experimentar mejorías graduales en su salud. Los días de dolor intenso se volvieron menos frecuentes, y sus heridas emocionales comenzaron a sanar gradualmente. Pero lo más impactante fue el cambio en su perspectiva y su corazón. La promesa de Jeremías 30:17 no solo le brindó sanidad física y emocional, sino que también restauró su esperanza y alegría.

Hoy, Alejandra es un testimonio vivo de la fidelidad de Dios. A través de su experiencia, descubrió que Dios es el sanador de nuestras heridas más profundas. Su historia es un recordatorio de que, sin importar cuán oscuras parezcan las circunstancias, la promesa de Jeremías 30:17 sigue siendo aplicable a cada uno de nosotros.

Mujer, te invito hoy a reclamar esta promesa tanto para tu vida como para tus seres queridos. Visualiza cómo la sanidad transforma tu realidad y la de tus seres queridos. Confía en que Dios, que es el mismo ayer, hoy y siempre, puede traer una transformación a todas las áreas de tu vida a través de Su poder sanador.

En los momentos de dolor y desesperación, recuerda que eres amada, valiosa y única a los ojos de Dios. Él camina a tu lado en cada etapa de tu vida, listo para devolverte la salud y sanar tus heridas. Reclama estas promesas divinas con confianza, sabiendo que Dios siempre cumple sus compromisos.

Que hoy y todos los días, encuentres esperanza, sanidad y renovación en el amor incondicional de nuestro Padre celestial. En Sus manos, incluso las heridas emocionales más profundas pueden encontrar sanación, permitiéndote recuperar la paz y la plenitud en las áreas más íntimas de tu ser. El amor de Dios es la fuente de nuestra esperanza y sanidad.

Oremos:

Dios amoroso, en este día nos acercamos a Ti con corazones humildes y agradecidos. Te agradecemos por recordarnos, a través de la historia de Alejandra y la promesa en Jeremías 30:17, que eres nuestro sanador y restaurador. Hoy, te pedimos con fe que derrames Tu poderosa sanidad en nuestras vidas, que restaures nuestras heridas físicas, emocionales y espirituales, y que nos ayudes a vivir en la plenitud de Tu amor y gracia.

Concede, Señor, que podamos abrazar plenamente la verdad de que somos amadas, valiosas y únicas en Tus ojos. Que podamos caminar en la confianza de Tu promesa y vivir de acuerdo con Tu propósito divino para nuestras vidas. En el nombre de Jesús, Amén.

1. Menciona situaciones donde te has sentido abrumada y que tus fuerzas se desvanecen.

2. Ahora pon esas circunstancias en las manos de Dios y reflexiona en los siguientes versículos bíblicos:

· *Mateo 9: 28-30* **"Y llegado a la casa, vinieron a él los ciegos; y Jesús les dijo: ¿Creéis que puedo hacer esto? Ellos dijeron: Sí, Señor. 29 Entonces les tocó los ojos, diciendo: Conforme a vuestra fe os sea hecho. 30 Y los ojos de ellos fueron abiertos. Y Jesús les encargó rigurosamente, diciendo: Mirad que nadie lo sepa".**

· *Jeremías 33:6* **"He aquí que yo les traeré sanidad y medicina; y los curaré, y les revelaré abundancia de paz y de verdad".**

• *Lucas 8:49-56:* **"Estaba hablando aún, cuando vino uno de casa del principal de la sinagoga a decirle: Tu hija ha muerto; no molestes más al Maestro. Oyéndolo Jesús, le respondió: No temas; cree solamente, y será salva. Entrando en la casa, no dejó entrar a nadie consigo, sino a Pedro, a Jacobo, a Juan, y al padre y a la madre de la niña. Y lloraban todos y hacían lamentación por ella. Pero él dijo: No lloréis; no está muerta, sino que duerme. Y se burlaban de él, sabiendo que estaba muerta. Mas él, tomándola de la mano, clamó diciendo: Muchacha, levántate. Entonces su espíritu volvió, e inmediatamente se levantó; y él mandó que se le diese de comer. Y sus padres estaban atónitos; pero Jesús les mandó que a nadie dijesen lo que había sucedido".**

- *Hechos 9:33-34 **"Y halló allí a uno que se llamaba Eneas, que hacía ocho años que estaba en cama, pues era paralítico. 34 Y le dijo Pedro: Eneas, Jesucristo te sana; levántate, y haz tu cama. Y en seguida se levantó".***

Todas estas historias nos demuestran que para Dios no hay nada imposible, Él solo espera que confiemos en Él, que entendamos que debemos querer ser sanos y pedirle que obre en nuestras vidas con Su misericordia. ***Dios siempre quiere vernos sanos y libres, pero es necesario que creamos que Él lo puede hacer y que no pongamos los ojos en las circunstancias sino en Su gran poder.***

Día 8

Reclama
un nuevo comienzo.

Versículo clave:

"No os acordéis de las cosas pasadas,
ni traigáis a memoria las cosas
antiguas. He aquí que yo hago cosa
nueva; pronto saldrá a luz; ¿no la
conoceréis? Otra vez abriré camino en
el desierto, y ríos en la soledad".

Isaías 43:18-19

Hace muchos años, en la antigua tierra de Egipto, el pueblo de Israel vivió una experiencia que quedó grabada en la historia de la humanidad. El pueblo estuvo en un ciclo interminable de opresión, esclavitud y sufrimiento inimaginable. Los israelitas, bajo el yugo de la esclavitud egipcia, anhelaban la libertad, anhelaban un nuevo comienzo.

Entonces, llegó el momento, un momento que cambiaría la historia para siempre. Un líder, Moisés, fue elegido para guiar al pueblo en su búsqueda de libertad. Fue una travesía que los llevaría por caminos que parecían imposibles de cruzar. Su destino: la libertad anhelada. Dejaron atrás la antigua opresión y la esclavitud que los había aprisionado durante tanto tiempo. Ante ellos se extendía un futuro lleno de promesas y posibilidades.

La historia de su éxodo comenzó en medio de una serie de dificultades asombrosas. El faraón, gobernante de Egipto, se oponía ferozmente a dejar ir al pueblo de Israel. Dios envió plagas y maravillas que desafiaban toda lógica y explicación para persuadir al faraón de que liberara a los israelitas. Las aguas se convirtieron en sangre, langostas devoradoras descendieron del cielo, y la oscuridad cubrió la tierra. Sin embargo, el faraón continuaba resistiendo.

Finalmente, después de la última plaga, la más devastadora de todas, el faraón se rindió y permitió que los israelitas partieran. El pueblo, con corazones llenos de esperanza y expectación, comenzó su éxodo hacia la libertad. Pero la historia aún tenía giros sorprendentes por desvelar.

Mientras avanzaban hacia la libertad, el faraón, atormentado por la ausencia de sus esclavos, se arrepintió de su decisión. Persiguió al pueblo de Israel con sus ejércitos, determinado a recuperar lo que había perdido. Los israelitas, atrapados entre el ejército egipcio y el Mar Rojo, se encontraron en una situación aparentemente sin salida.

Este momento marcó un punto de inflexión en la historia. La situación parecía desesperada; el Mar Rojo se extendía imponente ante ellos y el ejército egipcio se acercaba implacablemente desde atrás. En medio de la incertidumbre y el temor, los corazones del pueblo temblaban. Pero Dios tenía un plan asombroso, un milagro que dejaría una huella imborrable en la historia de la humanidad.

En ese instante crítico, cuando la fe y la esperanza eran más necesarias que nunca, ocurrió el milagro del Mar Rojo. Dios, en Su inmenso poder, abrió un camino en medio del mar. Las aguas se dividieron, dejando un sendero seco para que los israelitas caminaran. Imagina la asombrosa vista: muros de agua a ambos lados mientras avanzaban por el lecho del mar.

Los israelitas, llenos de asombro y gratitud, cruzaron el Mar Rojo en un acto de fe que cambiaría sus vidas para siempre. En el momento más vulnerable, Dios había obrado un milagro que les aseguraba la victoria sobre la esclavitud y la opresión. El ejército egipcio, que los perseguía, quedó atrapado en medio del mar cuando las aguas volvieron a su curso, sellando su destino.

Este relato no solo es una historia antigua, es un recordatorio eterno de que, incluso en medio de las circunstancias más desesperadas, Dios tiene el poder de abrir caminos donde parece que no hay ninguno. El Éxodo de Israel a través del Mar Rojo es un símbolo de liberación, un ejemplo vívido de cómo la fe y la confianza en Dios pueden llevarnos a través de los momentos más oscuros hacia la libertad y la victoria.

Te hago una pregunta profunda: ¿Te sientes atrapada por las sombras del pasado en tu vida? ¿A veces parece que tus recuerdos de heridas, fracasos y momentos difíciles te persiguen incansablemente? ¿Sientes que estás encerrada en un ciclo de dolor que parece no tener fin?

Es un sentimiento al que muchas, si no todas, nos hemos enfrentado como mujeres. Miramos hacia atrás y vemos las huellas de las cosas que nos han marcado profundamente: las heridas emocionales, las relaciones fracturadas, los errores que cometimos. Estas experiencias pueden convertirse en cadenas invisibles que nos impiden avanzar, como sombras que oscurecen nuestra capacidad de ver la luz en el horizonte.

Quizás estás llevando una carga de recuerdos dolorosos y errores del pasado que te han atado por mucho tiempo. Puede que te sientas como si estuvieras atrapada en un desierto de tristeza y soledad, sin esperanza de cambio. Pero hoy, este pasaje nos recuerda que Dios es un Dios de nuevos comienzos. Él tiene el poder de hacer cosas nuevas en tu vida, incluso en medio de situaciones aparentemente imposibles.

Sin embargo, la historia de Israel no solo es un relato de liberación de la esclavitud en Egipto; es una lección poderosa sobre cómo dejar atrás el pasado y avanzar hacia un futuro lleno de esperanza. En Isaías 43:18-19, el Señor les recordó a los israelitas que Él estaba haciendo algo "nuevo". Les estaba abriendo un camino en el desierto, guiándolos hacia su tierra prometida y cuidándolos en cada paso del camino.

Hoy, te animo a reclamar esta misma promesa para tu vida. Es hora de sepultar el pasado y centrarte en el futuro. La mentalidad de víctima ya no tiene cabida en tu vida. No naciste para arrastrar cadenas, naciste para ser una guerrera, una hija del Rey. Eres una obra maestra única y limitada, equipada con todo lo que necesitas para avanzar y triunfar.

Mientras sigas aferrándote al pasado, tu vida seguirá estancada en ese capítulo ya cerrado. Pero si hoy decides secar tus lágrimas, levantarte y abrazar el futuro con valentía, descubrirás que puedes conquistar el mundo.

No importa cuán doloroso haya sido tu pasado o cuántas heridas lleves contigo. Dios está trabajando en tu vida en este mismo momento, haciendo algo nuevo. Él está abriendo caminos en medio de tus desiertos personales y trayendo restauración a las áreas de tu vida que pueden parecer desoladas.

Entonces, te pregunto, mujer valiente, ¿estás dispuesta a soltar todas las cadenas que te han mantenido prisionera en el pasado? ¿Estás lista para creer que Dios está forjando un futuro nuevo y brillante para ti en este mismo instante?

No será un camino fácil, al igual que los israelitas tuvieron que atravesar el desierto antes de llegar a la tierra prometida. Pueden surgir desafíos en tu camino hacia lo nuevo, pero recuerda que Dios está a tu lado, abriendo caminos, haciendo cosas nuevas y restaurando lo que parece perdido. Con fe y valentía, puedes avanzar hacia un futuro lleno de promesas y posibilidades.

Te animo a reflexionar en tu vida y a preguntarte: ¿Qué cosas del pasado me están impidiendo avanzar hacia la vida plena que Dios tiene para mí? ¿Qué recuerdos o errores me han mantenido atrapada en la vergüenza y la afrenta? Permíteme asegurarte que no estás sola en esta lucha. Muchas de nosotras hemos sentido el peso del pasado en nuestras vidas.

Confía en que Dios está haciendo algo nuevo en ti. Abre tu corazón a la posibilidad de un nuevo comienzo, a pesar de lo que hayas experimentado. Deja de lado la vergüenza y la humillación, y permítele a Dios sanar esas heridas profundas. Él promete abrir un camino en el desierto y ríos en la soledad de tu vida. Confía en que Dios cumplirá Su promesa y te guiará hacia una nueva temporada de bendición y restauración.

Hoy, elige abrazar la promesa de Isaías 43:18-19 como tuya. Deja que te llene de esperanza y te dé el coraje para avanzar hacia lo que Dios tiene preparado para ti. Deja atrás el pasado y prepárate para lo nuevo que está por venir. Tu historia está siendo escrita de nuevo, y Dios está en el centro de ella.

Oremos:

Amado Padre celestial, en este momento, me presento ante Ti con un corazón abierto, humilde y sincero. Reconozco que he llevado durante demasiado tiempo las cargas del pasado, esas cadenas invisibles que me han mantenido atrapada en la oscuridad de la vergüenza y la humillación. Comprendo que estas cargas me han impedido avanzar hacia la plenitud y la libertad que Tú tienes reservadas para mí.

Señor, hoy tomo un paso audaz y decidido hacia la liberación. Quiero dejar atrás las sombras del ayer y confiar plenamente en que Tú, mi Dios fiel y amoroso, estás obrando algo nuevo en mi vida. Abro mi corazón de par en par a la posibilidad de un nuevo comienzo contigo, sabiendo que en Tu presencia hallaré sanidad y restauración.

Te ruego, Dios mío, que cumplas Tu promesa de abrir un camino en mi desierto.

Cuando siento que todo está seco y árido, cuando me encuentro en medio de la soledad, confío en que Tú traerás ríos de vida y esperanza a mi corazón. Permíteme experimentar la renovación de mi espíritu y la paz que solo Tú puedes brindar.

Declaro esta oración con fe y esperanza, confiando en que Tú obrarás poderosamente en mi vida. En el nombre poderoso de Tu Hijo Jesucristo, Amén.

1. Haz una lista de las cosas del pasado que te atan a los malos recuerdos o resentimientos.

_____

_____

_____

_____

_____

_____

_____

_____

_____

_____

_____

2. Ahora, toma la decisión de echarlas al fondo del mar y no permitas que ningún pensamiento de culpa o rencor permanezca en tu mente.

_____

_____

_____

_____

_____

_____

_____

_____

_____

_____

_____

_____

_____

3. Ahora escribe todas las cosas que deseas cambiar en tu vida

en el tiempo presente para avanzar hacia lo que anhelas.

_____

_____

_____

_____

_____

_____

_____

_____

_____

_____

_____

4. Reflexiona en los siguientes versículos:

- 2 de Corintios 5:17 *"De modo que, si alguno está en Cristo, nueva criatura es; las cosas viejas pasaron; he aquí todas son hechas nuevas".*

_____

_____

_____

_____

_____

_____

_____

_____

_____

- Isaías 42:9 *"He aquí se cumplieron las cosas primeras, y yo anuncio cosas nuevas; antes que salgan a luz, yo os las haré notorias"*.

- Efesios 4:22 *"En cuanto a la pasada manera de vivir, despojaos del viejo hombre, que está viciado conforme a los deseos engañosos..."*

Día 9

Eres una mujer transformada

Versículo clave:

"No temas, que no serás avergonzada; y no te avergüences, que no serás afrentada: antes, te olvidarás de la vergüenza de tu mocedad, y de la afrenta de tu viudez no tendrás más memoria".

Isaías 54:4

¿Eres de las que a menudo soporta la pesada carga de la vergüenza? ¿Te avergüenzas de tus fallas pasadas, de las heridas que llevas en tu corazón y de las cicatrices que la vida ha dejado en ti? Mujer, lee bien estas palabras: en Cristo, no hay lugar para la vergüenza.

Nuestro versículo clave de hoy, tomado de Isaías 54:4, es un recordatorio amoroso del Señor. Nos dice que no debemos temer ni sentirnos humilladas, porque en Él encontramos redención y dignidad. Él borra la vergüenza de nuestra juventud y la afrenta de nuestro pasado, reemplazándolas con Su gracia y amor.

Imagina a una mujer que ha llevado consigo durante años el peso de la vergüenza. Le pesan las decisiones que tomó en su juventud, las heridas que sufrió en su pasado y se avergüenza de las imperfecciones que ella cree que la definen. Esta vergüenza ha sido como un aguijón constante en su mente y su corazón, manteniéndola atrapada en un ciclo de autocrítica y auto condena.

Vamos a llamarla Andrea, esta es una historia de vergüenza, redención y transformación que, quizás, te resulte familiar.

Andrea creció en un entorno en el que las expectativas eran altas y las presiones, aún mayores. Desde joven, sintió la necesidad de destacarse en todo lo que hacía. Pero, como tantos, a veces, ese deseo la llevó por caminos oscuros.

Durante sus años de juventud, Andrea se encontró con un grupo de amigos que parecían entenderla. No obstante, estos amigos la introdujeron en un mundo de fiestas, excesos y alcohol. Noche tras noche, Andrea participaba en estas fiestas, buscando llenar un vacío que no podía identificar. Actos impulsivos y decisiones precipitadas la sumieron en un ciclo de vicios y autocrítica. Cada mañana después de una de esas noches, la vergüenza se apoderaba de ella. Se avergonzaba de las decisiones irresponsables que había tomado, de las promesas rotas y de las heridas que había causado en otros y en sí misma.

Esta vergüenza se convirtió en una presencia constante en su mente y su corazón. A menudo se preguntaba si había alguna esperanza para alguien como ella. ¿Cómo podría encontrar sanidad y restauración después de todo lo que había hecho?

Un día, mientras navegaba por la web, Andrea se encontró con un versículo de la Biblia que parecía estar destinado sólo a ella, en *Isaías 54:4*. *"No temas, porque no serás avergonzada, no te sientas humillada, porque no serás humillada. Al olvido de la vergüenza de tu juventud te acordarás y no más recordarás la afrenta de tu viudez."*

Esas palabras penetraron en su corazón con una fuerza que nunca había experimentado.

Andrea se detuvo y reflexionó sobre esas palabras. ¿Podría ser cierto? ¿Podría realmente liberarse de la vergüenza que la había atormentado durante tanto tiempo? La promesa contenida en este versículo parecía demasiado buena para ser verdad.

Sin embargo, a medida que Andrea exploraba más la Escritura y profundizaba en su relación con Dios, comenzó a comprender que, en Cristo, había esperanza incluso para los más rotos y avergonzados. No se trataba de negar su pasado, sino de reconocer que, en Dios, había perdón y redención.
Con el tiempo, Andrea permitió que esas palabras de Isaías 54:4 penetraran más profundamente en su corazón. Comenzó a orar y a buscar a Dios de una manera que nunca había hecho. Descubrió que, en Cristo, tenía un nuevo comienzo, una oportunidad de dejar atrás su vergüenza y abrazar la dignidad que venía de ser una hija amada de Dios.

La transformación de Andrea fue un proceso gradual pero poderoso. Se dio cuenta de que no tenía que ser definida por sus errores pasados ni por las expectativas de los demás. En cambio, podía vivir en la libertad que solo se encuentra en Cristo. A través de la oración y la comunidad de fe, experimentó sanidad y restauración en áreas de su vida que nunca pensó que podrían sanar.

Hoy, Andrea es una mujer transformada. Ya no carga con la vergüenza de su pasado, sino que vive en la plenitud de la gracia y el amor de Dios. Ha aprendido que, en Cristo, no hay lugar para la vergüenza, solo perdón, redención y dignidad.

Así como Andrea, si has llevado la carga de la vergüenza, quiero que sepas que no estás sola en esta lucha. Puedes sentirte atrapada en un remolino de pensamientos y emociones abrumadoras, pero Dios está a tu lado, esperando que lo busques y confieses tus pecados. Él no espera que seas perfecta, ni que soluciones todo por ti misma. Su amor y misericordia son infinitos, y están listos para abrazarte en tus momentos de debilidad y quebrantamiento.

Abrir tu corazón y reconocer tus errores puede ser uno de los pasos más difíciles, pero también liberadores, que puedes dar. Dios ya conoce tus pecados y tus heridas, pero Él espera que tú, de forma libre y sincera, te acerques a Él. La confesión y el arrepentimiento son las llaves que abren la puerta a Su perdón y restauración.

La vergüenza puede ser una prisión invisible que nos impide experimentar la plenitud de la vida en Cristo. Pero Dios nos ofrece perdón y dignidad en lugar de vergüenza. No importa cuán oscuro o doloroso haya sido tu pasado, en Cristo, hay una nueva historia por escribir.

Atrévete a creer en la promesa de redención que Dios tiene para ti. Permítele transformar tu vida a través de Su gracia y amor incondicional. En Cristo, no hay lugar para la vergüenza. Hay espacio para el perdón, la sanidad y la restauración. Tu pasado no define tu identidad en Cristo, porque Él te ve como una joya preciosa, digna de amor y cuidado, sin importar cuántas veces hayas tropezado en el camino. La vergüenza puede ceder ante la gracia de Dios si estás dispuesta a recibir Su amor y perdón con un corazón humilde y arrepentido.

Oremos:

Amado Padre celestial, reconozco que he llevado cargas del pasado que me han impedido avanzar hacia la plenitud que tienes para mí. Hoy, quiero dejar atrás la vergüenza y la humillación, y confiar en que Tú estás haciendo algo nuevo en mi vida. Abro mi corazón a la posibilidad de un nuevo comienzo contigo. Te pido que abras un camino en mi desierto y traigas ríos a mi soledad. Sé que en Ti encontraré sanidad y restauración. En el nombre poderoso de tu hijo Jesucristo, amén.

1. Escribe los episodios que en tu pasado te han hecho sentir vergüenza.

_____

_____

_____

_____

_____

_____

_____

_____

_____

_____

_____

_____

2. Reflexiona en los siguientes versículos:

- *Isaías 61:7-8* **En lugar de vuestra doble confusión y de vuestra deshonra, os alabarán en sus heredades; por lo cual en sus tierras poseerán doble honra, y tendrán perpetuo gozo. Porque yo Jehová soy amante del derecho, aborrecedor del latrocinio para holocausto; por tanto, afirmaré en verdad su obra, y haré con ellos pacto perpetuo.**

- *Romanos 10:10-11* **Porque con el corazón se cree para justicia, pero con la boca se confiesa para salvación. Pues la Escritura dice: Todo aquel que en él creyere, no será avergonzado.**

Día 10

Primero Dios.

Versículo clave:

"Mas buscad primeramente el reino de Dios
y su justicia, y todas estas cosas os serán
añadidas".

Mateo 6:33

Quiero conversar contigo de una manera más personal, a lo largo de nuestra vida, solemos estar en la constante búsqueda de encontrarle significado a nuestra vida, tener éxito, riqueza y felicidad. La mayoría de nosotros persigue metas materiales, el reconocimiento de los demás y el éxito terrenal, creyendo que estas cosas nos brindarán la satisfacción que anhelamos o llenarán el vacío que sentimos en nuestro corazón.

Pero ¿qué sucede cuando la vida nos arroja un desafío inesperado, cuando enfrentamos situaciones que ponen a prueba nuestra resistencia y nuestras prioridades?

Te contaré algo de mi propia historia. Hubo un tiempo en mi vida en el que estaba en la cima de mi carrera. Tenía éxito en todo lo que hacía, reconocimiento nivel mundial, y parecía que todo iba en la dirección correcta. Pero entonces, me tocó mi dosis de realidad, llegó el diagnóstico de cáncer que me sacudió hasta la médula. De repente, todo lo que había perseguido parecía insignificante en comparación con la salud y la vida misma. Esta noticia cambió radicalmente mi perspectiva de la vida.

¿Te has enfrentado alguna vez a una situación que te ha hecho replantearte lo que realmente es importante en la vida? ¿Has sentido que, a pesar de tus logros y metas, hay algo que falta en tu corazón?

La verdad es que es normal que soñemos con tener estabilidad financiera, tener reconocimiento social, y está bien tener metas y aspiraciones. Pero lo que he aprendido a lo largo de mi propia experiencia es que lo más importante es buscar primero el reino de Dios y su justicia.

Puede sonar un poco abstracto, pero en realidad es bastante simple. Buscar primero el reino de Dios significa priorizar tu relación con Él por encima de todo lo demás. Significa vivir de acuerdo con los principios y valores divinos en cada aspecto de tu vida. Y, sorprendentemente, cuando decides tomar este camino, todas las demás áreas de tu vida encuentran su equilibrio y propósito.

Cuando me encontré luchando contra el cáncer, las cosas que antes consideraba cruciales o que no podía vivir sin ellas, perdieron su relevancia. El éxito en el mundo terrenal y la aprobación de otros dejaron de ser mi enfoque principal. Comencé a buscar algo más grande, algo que realmente llenara mi alma.

Fue entonces cuando encontré la verdad en el versículo clave de hoy, *"Busca primero el reino de Dios y su justicia, y todas estas cosas te serán añadidas." (Mateo 6:33)* Esta declaración de Jesús se convirtió en mi brújula que me orientó hacia lo que realmente importa.

Esto no significa que debas abandonar tus responsabilidades en el mundo, sino que debes abrazar una perspectiva diferente y recordar lo que realmente es importante.

Créeme que cuando entendemos que Dios es el único en control de nuestra salud, de nuestra vida en todos los sentidos, tu mundo va a cambiar. Serás una mujer nueva, comenzarás a buscar Su reino, Su voluntad y Su amor con más pasión que nunca. Encontrarás un sentido de paz, propósito y seguridad que trasciende cualesquiera circunstancias.

En tu oración de hoy, habla con Dios desde el fondo de tu corazón. Entrégale tus sueños, deseos y preocupaciones. Pídele que te guíe en tu camino y que te ayude a poner tus prioridades en orden de acuerdo con Su voluntad.

Recuerda que eres amada y cuidada por un Dios que desea lo mejor para ti. Apodérate de la promesa del versículo de hoy. Cuando buscas el reino de Dios primero, todo lo demás encaja en su lugar de acuerdo con Su plan perfecto, podrás reclamar lo que es tuyo. ¿Estás lista para dar este paso y encontrar un significado más profundo en tu vida?

Oremos:

Padre celestial, en este día, te agradezco por recordarme la importancia de buscar primero Tu reino y Tu justicia. En un mundo lleno de distracciones y preocupaciones, a veces pierdo de vista lo esencial. Hoy, colocaré mis prioridades en orden y te pido que me guíes en mi travesía espiritual. Ayúdame a enfocarme en lo que realmente importa y a confiar en que, cuando busco Tu Reino primero, todas las demás cosas caen en su lugar de acuerdo a Tu plan perfecto. En el nombre poderoso de tu hijo Jesucristo, Amén.

1. ¿Cuáles son tus prioridades en este momento?

2. Reflexiona en los siguientes versículos:

- *Colosenses 3:2-4* **"Poned la mira en las cosas de arriba, no en las de la tierra. Porque habéis muerto, y vuestra vida está escondida con Cristo en Dios. Cuando Cristo, vuestra vida, se manifieste, entonces vosotros también seréis manifestados con él en gloria".**

- *Juan 4:19* **"Nosotros le amamos a él, porque él nos amó primero".**

3. Ahora escribe tus sueños y anhelos,
y describe como pueden ir de la mano con la
voluntad de Dios.

Día 11

Unión familiar

Versículo clave:

"Siempre humildes y amables, pacientes, soportándoos unos a otros en amor, esforzándonos por mantener la unidad del Espíritu en el vínculo de la paz".

Efesios 4:2-3

La historia de Jacob y Esaú en la Biblia es un testimonio poderoso de la importancia de los lazos familiares y cómo el perdón puede sanar relaciones fracturadas. Estos dos hermanos compartieron una relación marcada por rivalidades, engaños y separación. La tensión llegó a su punto más alto cuando Jacob utilizó engaños para obtener la bendición que originalmente estaba destinada a Esaú.

Este conflicto resultó en una profunda separación entre los dos hermanos. Esaú se sintió traicionado y lleno de amargura, mientras que Jacob huyó para evitar la ira de su hermano. Pasaron años viviendo vidas separadas y muy diferentes.

La historia de Jacob y Esaú nos invita a reflexionar sobre nuestras propias relaciones familiares. ¿Has experimentado conflictos o distanciamiento en tu familia? ¿Has sentido la carga de relaciones fracturadas? En la actualidad, es fácil pasar por alto la importancia de fortalecer los lazos familiares. Pero esta historia nos recuerda que siempre hay esperanza de reconciliación y restauración en nuestras familias.

Después de un largo tiempo, Jacob decidió confrontar su pasado y buscar la reconciliación con su hermano. A pesar de sus temores, Jacob se preparó para el encuentro con Esaú. Lo que sucedió a continuación fue una lección impactante.

Esaú, en lugar de responder con ira y resentimiento, recibió a Jacob con compasión y amor fraternal. Perdonó a su hermano y lo abrazó con amor. Esta reconciliación restauró su relación y demostró el impacto transformador del perdón y la humildad en una familia fracturada. A través de esta historia, podemos ver la importancia de ser pacientes, humildes y amables en nuestras relaciones familiares, y cómo el esfuerzo por mantener la unidad y la paz puede llevar a la restauración.

En nuestras vidas cotidianas, a menudo enfrentamos tensiones y desacuerdos en nuestras familias, sea con nuestro esposo, con un hijo o con un hermano. Pueden surgir conflictos por diferencias de opiniones, malentendidos o simplemente por el estrés de la vida moderna. En momentos como estos, es fundamental recordar la lección de Jacob y Esaú.

Hoy, te animo a reflexionar sobre tu familia y las formas en que puedes fortalecer sus lazos. Dedica tiempo de calidad con tus seres queridos, busca la reconciliación en lugar de la discordia, perdona y practica la humildad y la paciencia. Ora juntos y permite que el amor de Dios fluya a través de su unidad.

En medio de un mundo lleno de distracciones y divisiones, tu familia puede ser un testimonio vivo de amor y unidad que brille con la luz del Espíritu. La unidad familiar no solo beneficia a tu familia, sino que también tiene un impacto profundo en tu vida. Las lecciones de amor, perdón y reconciliación que aprendemos en nuestras familias se extienden a otras áreas de nuestras vidas.

Al seguir el ejemplo de Esaú y Jacob, podemos experimentar la sanación y la restauración en nuestras relaciones personales y familiares. El versículo clave, Efesios 4:2-3, nos recuerda que debemos ser siempre humildes, amables y pacientes, soportándonos unos a otros en amor y esforzándonos por mantener la unidad del Espíritu en el vínculo de la paz.

Que este día sea un llamado a fortalecer los lazos familiares y a buscar la reconciliación donde sea necesario. Que puedas experimentar la gracia y el poder transformador del amor y el perdón en tu familia y en todas tus relaciones.

Oremos:

Amado Padre celestial, gracias por el regalo de la familia. Ayúdanos a fortalecer nuestros lazos familiares, a ser humildes y amables, pacientes y a soportarnos mutuamente en amor. Danos la gracia de mantener la unidad del Espíritu en el vínculo de la paz. Permítenos ser un reflejo de tu amor y unidad en un mundo que a menudo está lleno de divisiones. En el nombre de Jesús, amén.

1. ¿Has tenido algún distanciamiento con un miembro de tu familia? ¿Te sentirías mejor si propicias una llamada telefónica o un encuentro con esa persona? Pídele dirección a Dios sobre cómo hacerlo.

2. ¿Algún rencor o resentimiento te separa de algún miembro de tu familia?

Pídele a Dios que te ayude a perdonar esa falta y a actuar en perdón para dar testimonio del amor de Dios a esa persona.

3. Reflexiona en los siguientes versículos:

- *Mateo 6:14-15* **"Porque si perdonáis a los hombres sus ofensas, os perdonará también a vosotros vuestro Padre celestial; 15 más si no perdonáis a los hombres sus ofensas, tampoco vuestro Padre os perdonará vuestras ofensas".**

- *Colosenses 3:13* **"...soportándo los unos a otros, y perdonándoos unos a otros si alguno tuviere queja contra otro. De la manera que Cristo os perdonó, así también hacedlo vosotros".**

· *Hebreos 12:14-15* **"Seguid la paz con todos, y la santidad, sin la cual nadie verá al Señor. 15 Mirad bien, no sea que alguno deje de alcanzar la gracia de Dios; que brotando alguna raíz de amargura, os estorbe, y por ella muchos sean contaminados"**

Día 12

Sanando el Corazón roto.

Versículo clave:

"Cuando los justos claman, el Señor oye y los rescata de todas sus angustias. El Señor está cerca de los quebrantados de corazón y salva a los de espíritu abatido".

Salmo 34:17-18

El Señor está cerca de los quebrantados de corazón, y Él te escucha cuando clamas a Él en medio de tus angustias. Una amiga cercana, que quiero muchísimo y por motivos de privacidad no diré su nombre, pero su historia es tan y tan inspiradora que no podía dejar de compartirla contigo. Mi amiga, llamémosla Laura, atravesó un período de profunda depresión y angustia, había hasta pensado en quitarse la vida.

Las presiones de la vida, las expectativas sociales y las luchas personales, la llevaron a un lugar oscuro y solitario. Pero lo que hizo su situación aún más desgarradora fue el hecho de que quedó sola, todo por lo que había trabajado durante años se lo arrebató su ex-pareja, con quien tenía planes de matrimonio. Todas sus ilusiones se desvanecieron, de un día a otro estaba en la calle, sin dinero suficiente para tener su propio lugar para vivir. Laura, se sintió completamente devastada, cuestionando no sólo su situación sino también los planes de Dios para su vida.

En medio de su sufrimiento, Laura llegó a un punto en el que se alejó de Dios. Las preguntas sin respuesta y el dolor la llevaron a dudar de la existencia misma de Dios. Pasaron meses en los que sus oraciones se volvieron silenciosas, y su corazón se volvió cada vez más frío y solitario.

En el momento menos pensado, Laura estaba reunida con un grupo de amigas y otras mujeres que estaba conociendo ese día, de un momento a otro comenzaron a hablar de sus historias de vida, y una de ellas contó una muy similar a lo que Laura había vivido, pero mucho más fuerte. La ex pareja de aquella chica, abandonó a sus hijos, los dejó en la calle, sin techo, sin comida y sin dinero, al finalizar la historia, con su dulce voz y la paz que transmitían sus palabras dijo: *"Cuando los justos claman, el Señor oye y los rescata de todas sus angustias. El Señor está cerca de los quebrantados de corazón y salva a los de espíritu abatido". (Salmo 34:17-18).*

Esas palabras retumbaron en el corazón de Laura y algo dentro de ella comenzó a removerse. Fue como si Dios le hubiese hablado específicamente a ella, en ese instante recordó los momentos en que su fe había sido fuerte, cuando había sentido la presencia de Dios en su vida de manera tangible.

Al llegar a casa, Laura, sumergida en un mar de lágrimas, se arrodilló ante Dios, le pidió perdón por alejarse de Él y clamó en su angustia y abrió su corazón al Señor una vez más, le pidió que la rescatara de la oscuridad que la rodeaba y que sanara su corazón quebrantado.

Lo que sucedió después fue verdaderamente asombroso. A medida que Laura entregaba sus cargas a Dios y confiaba en Su cercanía, comenzó a experimentar una transformación en su interior. La tristeza que la había oprimido durante tanto tiempo comenzó a disiparse gradualmente. La paz que sobrepasa todo entendimiento llenó su corazón, y su espíritu abatido se levantó.

Laura se dio cuenta de que NUNCA estuvo sola, incluso en los momentos en que sintió que Dios la había abandonado. El Señor siempre estuvo cerca, esperando pacientemente a que ella volviera a Él.

Hoy, Laura vive como un testimonio vivo de la fidelidad de Dios para sanar el corazón roto y restaurar la esperanza en medio de las circunstancias más difíciles. Hoy en día, Laura tiene un esposo maravilloso que ama a Dios, ¡y un hijo bellísimo!. Su experiencia es un recordatorio de que, incluso en los momentos más oscuros, el Señor está cerca de aquellos que lo buscan con sinceridad. Sí, Laura pasó por una prueba muy difícil, pero definitivamente Dios tenía un plan para ella, la sacó de donde estaba para encaminarla hacia su propósito divino.

Querida amiga, te animo a que, si estás luchando con la depresión y la angustia, clames al Señor en tu dolor. Confía en Su promesa que nos deja en el Salmo 34:17-18, Él escucha tus oraciones y tiene el poder de traer sanidad a tu alma. Recuerda que no estás sola en esta lucha. El Señor está cerca de ti, y Él te ama más de lo que puedes imaginar. Puedes superar cualquier situación que estés viviendo en este momento con Su ayuda. Siempre hay esperanza en Él.

Oremos:

Amado Padre celestial, en este día te traemos nuestros corazones quebrantados y nuestros espíritus abatidos. Confiando en Tu promesa en Salmo 34:17-18, clamamos a Ti en medio de nuestras angustias. Sabemos que estás cerca y que nos escuchas. Te pedimos que nos rescates de la depresión y la tristeza, y que restaures nuestra alegría y paz. Señor, danos la fuerza para superar estas dificultades y la confianza en Tu amor incondicional. En el nombre de Jesús, amén.

1. Identifica esas heridas del pasado
que te mantuvieron en algún tiempo alejado (a) de Dios.

_____

_____

_____

_____

_____

_____

_____

_____

_____

_____

2. Ahora pon todas esas heridas al pie de la cruz y pídele a Dios
que las sane por completo.

3. Reflexiona en los siguientes versículos:

· *Isaías 30:26* **"Y la luz de la luna será como la luz del sol, y la luz del sol siete veces mayor, como la luz de siete días, el día que vendare Jehová la herida de su pueblo, y curare la llaga que él causó".**

_____

_____

_____

_____

_____

_____

_____

_____

_____

_____

· *Salmos 23:3* **"Confortará mi alma; Me guiará por sendas de justicia por amor de su nombre".**

_____

_____

_____

_____

_____

_____

_____

_____

- *Éxodo 15:26 "...y dijo: **Si oyeres atentamente la voz de Jehová tu Dios, e hicieres lo recto delante de sus ojos, y dieres oído a sus mandamientos, y guardares todos sus estatutos, ninguna enfermedad de las que envié a los egipcios te enviaré a ti; porque yo soy Jehová tu sanador"**.*

Día 13

La esperanza que Renueva.

Versículo clave:

"Esperé yo a Jehová, esperó mi alma;
En su palabra he esperado. Mi alma
espera a Jehová, Más que los centinelas
a la mañana, Más que los vigilantes a la
mañana".

Salmos 130:5-6 5

Hace mucho tiempo, en la antigua ciudad de Jerusalén, había un lugar especial llamado el Templo de Salomón. Este majestuoso templo era el corazón espiritual de la nación de Israel, y las personas viajaban desde lejos para adorar allí. Todos los días, había centinelas que vigilaban las puertas del templo para asegurarse de que nadie entrara sin autorización.

Entre esos centinelas, había uno llamado Eli. Era un hombre devoto, conocido por su paciencia y diligencia. Cada noche, esperaba con anticipación el momento en que su turno como centinela llegaría. Pero había algo especial en Eli: esperaba a Jehová más que los centinelas a la mañana.

Imagina esto: Jerusalén en silencio, sumida en la oscuridad de la noche. Mientras muchos dormían, Eli estaba en su puesto, mirando con expectación hacia el horizonte. Esperaba con anhelo el amanecer, cuando la luz del sol comenzaría a teñir el cielo. Y mientras esperaba, cantaba canciones de adoración y alabanza a Dios en su corazón.

Eli comprendía que la espera no era solo una obligación, sino una oportunidad. Era un momento en el que su alma se elevaba en adoración a Dios. Cada mañana, cuando la primera luz del día iluminaba el cielo, su corazón se llenaba de gozo y gratitud. Sabía que la llegada del día era una muestra del amor y la fidelidad de Dios.

Nuestro versículo clave, Salmos 130:5-6, nos habla de esa espera paciente y expectante del alma. Así como Eli esperaba al amanecer con pasión, así también esperamos en Dios con todo nuestro ser. Esperar en el Señor no es simplemente mirar hacia el futuro con incertidumbre; es una profunda confianza en su fidelidad y su amor.

La esperanza que encontramos en Dios es diferente a cualquier otra. Es una fuente de fortaleza y renovación. Nos permite enfrentar cada día con valentía y alegría, sabiendo que Dios está con nosotros en cada amanecer.

Hoy, te invito a abrazar la esperanza que se renueva cada mañana en la presencia de Dios. Así como Eli esperaba con anhelo el amanecer, espera con alegría en Dios. A medida que esperas en Él, encontrarás la fuerza que necesitas para enfrentar cualquier desafío.

Permíteme compartir la historia de Ana, una mujer de profunda fe. Ana enfrentó numerosas pruebas en su vida. Años de lucha contra la infertilidad la llevaron a una profunda tristeza y desesperación. Se sentía atrapada en un desierto emocional, donde la esperanza parecía inalcanzable.

A menudo, Ana se encontraba en el Templo, clamando a Dios en busca de un milagro. Sus oraciones eran lágrimas derramadas delante del Señor, expresando su dolor y anhelo. Esperaba con fervor el día en que Dios respondiera sus oraciones y le concediera un hijo.

A pesar de las miradas de compasión y las palabras bien intencionadas de amigos y familiares, Ana nunca perdió su esperanza en Dios. Esperaba en Él más que los centinelas a la mañana. Su fe inquebrantable la sostenía incluso en medio de la adversidad.

Un día, mientras oraba en el Templo, Ana sintió una paz profunda y una certeza en su corazón. Sabía que Dios la había escuchado. Pocos meses después, Ana concibió y dio a luz a un hijo al que llamó Samuel, que significa "escuchado por Dios". El amanecer de su maternidad fue una confirmación tangible de la fidelidad de Dios.

Querida amiga, quizás te encuentres en un desierto similar al de Ana, donde la esperanza parece desvanecerse. Pero recuerda que, al igual que Ana, puedes esperar en Dios con confianza. Su amor y fidelidad son inquebrantables, y Él es capaz de traer renovación incluso en medio de la adversidad.

Hoy, te invito a renovar tu esperanza en Dios, confiando en que, así como el amanecer sigue a la noche, la respuesta divina sigue a la oración sincera. Espera en Dios con alegría y confianza, sabiendo que cada nuevo día trae la posibilidad de un milagro.

Oremos:

Amado Padre celestial, en este día te agradecemos por la esperanza que encontramos en tu fidelidad constante. Así como esperamos en ti con todo nuestro ser, danos la gracia de renovar nuestra esperanza cada mañana. Permítenos ver cada nuevo día como una oportunidad para crecer en nuestra relación contigo. Que nuestra espera en ti nos llene de gozo y nos de la fortaleza que necesitamos para enfrentar lo que venga. En el nombre de Jesús, amén.

1. **Cierra los ojos e imagina que vas a ver a ese ser amado, alguien por quien tienes sentimientos muy grandes.** Ahora piensa en esa emoción en el corazón de Dios porque sabe que tú corres a un encuentro con Él. Con este pensamiento, acércate a Dios en intimidad sabiendo que su corazón se alegra y espera el momento. ¿No vas a anhelar que llegue pronto?

2. **Pon en tu calendario, cada día, un momento para estar con Dios en intimidad,** que tu pensamiento ese solamente en Él. Lo que vas a experimentar te llevará a desear que ese momento del día llegue pronto.

Día 14

Reclama tu bendición en el desierto.

Versículo clave:

"Pues Jehová tu Dios te ha bendecido en toda obra de tus manos; él sabe que andas por este gran desierto; estos cuarenta años Jehová tu Dios ha estado contigo, y nada te ha faltado".

Deuteronomio 2:7

Hoy conoceremos a Carlos, un hombre cuyo nombre quizás no te resulte familiar, pero quiero contarte cómo su travesía ha sido fuente de inspiración para mí y muchas personas a las cuales también les he contado su historia, que ilustra poderosamente la verdad detrás del versículo clave de hoy.

La vida de Carlos se parecía mucho a la tuya y a la de muchas mujeres que enfrentan sus propios desiertos. Para comenzar, imagina a Carlos como una piedra en medio de un vasto desierto. El sol ardiente del desierto representa las pruebas y tribulaciones que enfrentó en su vida. La falta de sombra simboliza la sensación de soledad y abandono que lo envolvía. Cada paso que daba en la arena caliente parecía más difícil que el anterior, y los vientos del desierto agitaban la tormenta de preocupaciones en su corazón.

Perdió su trabajo, una experiencia que puede resonar profundamente en una sociedad donde la estabilidad financiera es crucial. La salud de Carlos comenzó a deteriorarse, el estrés lo consumía, y el miedo a lo que iba a pasar lo atormentaba como una sombra constante. Y, como si las pruebas no fueran suficientes, todos los problemas en su vida comenzaron a acumularse, como sombras que amenazaban con oscurecer aún más su camino.

En medio de esta desolación, Carlos sentía que el desierto era su único compañero, que Dios lo había abandonado en este paraje árido. Esta es una sensación tenaz, es algo que muchas de nosotras hemos experimentado cuando enfrentamos pruebas que parecen no tener fin.

Puede ser que te sientas identificada con la historia de Carlos. Tal vez estés pasando por un desierto en tu propia vida. Quizás has perdido un trabajo, enfrentas desafíos de salud, o las preocupaciones económicas te están agobiando. En esos momentos, es fácil sentir que estás sola, que Dios te ha abandonado o que este desierto no tiene fin. Pero quiero que sepas que Dios dice en su Palabra, que nunca te abandonará ni te dejará, porque no duerme el que guarda a Israel.

Incluso si tienes un hijo adolescente que parece estar en su propio desierto de la rebeldía y la confusión, o enfrentas problemas matrimoniales que parecen estériles como el desierto, la promesa en Deuteronomio 2:7 es para ti también.

En medio de esta desolación, Carlos llegó al punto de reclamarle a Dios por haberlo abandonado. Gritó al cielo en busca de respuestas y consuelo. Se preguntó por qué estaba atravesando esa temporada tan fuerte en su vida y por qué Dios parecía distante e indiferente a su sufrimiento.

Fue en una noche especialmente oscura y tormentosa cuando Carlos tuvo un sueño que cambiaría su vida para siempre. En ese sueño, vio un camino a través del desierto, iluminado por una luz celestial. En medio de esa luz, vio las palabras del versículo clave de hoy, Deuteronomio 2:7, brillando con un resplandor divino. *"pues Jehová tu Dios te ha bendecido en toda obra de tus manos; él sabe que andas por este gran desierto; estos cuarenta años Jehová tu Dios ha estado contigo, y nada te ha faltado."*

Al despertar, sintió una profunda sensación de paz y esperanza que nunca había experimentado. Supo en su corazón que ese sueño era un mensaje de Dios, una respuesta a sus clamores y una promesa de que, a pesar de las apariencias, Dios siempre había estado con él en su desierto.

Carlos compartió su sueño con un amigo cercano, quien lo alentó a aferrarse a esa promesa divina. No pasó mucho tiempo antes de que Carlos recibiera una oferta de trabajo que no solo cubriría sus necesidades financieras, sino que también le brindó una nueva pasión en la vida, y en un abrir y cerrar de ojos su salud comenzó a mejorar gradualmente.

Carlos experimentó de primera mano la verdad de Deuteronomio 2:7: Jehová tu Dios te ha bendecido en toda obra de tus manos. Esta historia es un recordatorio conmovedor de que, incluso en medio de los desiertos más áridos de la vida, Dios está con nosotros y nos bendice en nuestras obras. Nos recuerda que, aunque las circunstancias pueden ser difíciles, nuestra fe y determinación pueden llevarnos a un lugar de abundancia y restauración.

Esta historia es un recordatorio conmovedor de que, incluso en medio de los desiertos más áridos de la vida, Dios está con nosotros y nos bendice en nuestras obras. Nos recuerda que, aunque las circunstancias pueden ser difíciles, nuestra fe y determinación pueden llevarnos a un lugar de abundancia y restauración.

Entonces, te pregunto a ti que me lees ¿qué desierto estás enfrentando en este momento? Independientemente de la dificultad que puedas estar experimentando, quiero recordarte que Dios está contigo. Él conoce tu situación y ha estado presente en cada momento de tu vida. En el desierto, a menudo encontramos tesoros escondidos y experimentamos la gracia y la provisión divina de maneras que nunca habríamos imaginado.

Hoy, elijo alentarte a enfrentar cada desierto con la confianza de que Dios está contigo y que Su bendición te acompañará en cada obra de tus manos. No importa cuán árida pueda parecer la tierra que pisas, recuerda que en Dios siempre encontrarás vida y provisión. Esta promesa en Deuteronomio 2:7 es tuya, reclámala como una verdad en tu vida. Deja que la certeza de la bendición de Dios te llene de fuerza y esperanza mientras atraviesas este desierto.

Puede que este desierto sea una temporada difícil, pero recuerda que, en medio de él, puedes encontrar un manantial de gracia y fortaleza. Tu historia, al igual que la de Carlos, puede convertirse en un testimonio de la fidelidad y el poder de Dios para cambiar vidas y restaurar lo que parece perdido.

Oremos:

Amado Padre celestial, hoy clamamos a Ti desde nuestros desiertos personales. Sabemos que estás cerca, que nos escuchas y que estás dispuesto a bendecir nuestras manos de trabajo. Te pedimos, Señor, que nos muestres tu gracia y provisión incluso en medio de las circunstancias más desafiantes. Fortalécenos para enfrentar cada desierto con fe y valentía. Ayúdanos a reclamar tu promesa en Deuteronomio 2:7 y a confiar en que nunca nos faltará tu amor y cuidado. En el nombre de Jesús, amén.

1. Haz memoria de todos los momentos difíciles en los que Dios te ha mostrado su amor.

2. Reflexiona en los siguientes versículos:

· *Isaías 41:10 "No temas, porque yo estoy contigo; no desmayes, porque yo soy tu Dios que te esfuerzo; siempre te ayudaré, siempre te sustentaré con la diestra de mi justicia".*

_____

_____

_____

_____

_____

_____

_____

_____

_____

- *Nahum 1:7* **"Jehová es bueno, fortaleza en el día de la angustia; y conoce a los que en él confían".**

- *Juan 16:33* **"Estas cosas os he hablado para que en mí tengáis paz. En el mundo tendréis aflicción; pero confiad, yo he vencido al mundo".**

Día 15

Dios camina a tu lado.

Versículo clave:

"Ya te lo he ordenado: ¡Sé fuerte y valiente! ¡No tengas miedo ni te desanimes! Porque el Señor tu Dios te acompañará dondequiera que vayas".

Josué 1:9

Yo sé lo que significa caminar en el temor, porque cuando me diagnosticaron con el cáncer tuve la osadía de decir: "yo me puedo recuperar con nutrición, orando e ignorando todas las otras cosas que me dicen que pasaran en los subsiguientes meses".

Entonces… hice el tratamiento de medicina alternativa, tratamientos intravenosos, viajé largas horas a Ocala, Florida, para ver a un doctor, y me realicé cientos de exámenes, pero nada pasaba. No veía ningún resultado, pese a que me levantaba a orar con fe todos los días… y les confieso que yo pensaba que Dios no escuchaba todas mis oraciones, porque no encontraba una sola respuesta y me sentía sola, perdida y abrumada. Le preguntaba a Dios por qué no me hablaba; por qué ninguna de las evidencias o resultados de los exámenes que me hacía me mostraban que me estaba recuperando.

Recuerdo bien que estaba escuchando a un predicador en la iglesia, que hablaba de que Dios había sido tan lindo con nosotros, que en la Biblia contábamos con 365 versículos que hablan sobre el temor, lo que me hizo comprender que, aunque no lo podía escuchar y sentirlo todos los días, simplemente refugiándome en la Palabra, podía encontrar paz y seguir caminando en ese desierto.

Les cuento, que tengo una cajita de promesas (un promesario), las cuales suelo guardar al lado de mi cama, en mi mesa de noche, y recuerdo que abrí esa cajita y tomé una de las tarjetitas y me salió el versículo que compartí al principio de este día. Ese versículo me ayudó a aferrarme a caminar con valentía durante esos tres años de incertidumbre, y no solo a mí, sino que debía ayudar a esas miles de mujeres que me mandaban mensajes a diario contándome que también estaban pasando por lo mismo, y alentarlas a que no tuvieran miedo, y que supieran que Dios también estaba con ellas.

"Sé fuerte y valiente". Para mi, estas palabras no son sólo una cita bíblica, son un eco de mi historia personal, una llamada a la valentía en medio de la adversidad.

Mi vida, como la tuya, ha estado marcada por las pruebas y desafíos, pero también por una valentía que solo puede nacer en la presencia de Dios. Cada vez que los pensamientos negativos o la adversidad amenazan con derribarnos, tenemos que recordar que somos fuertes y valientes, no importaba cuán oscura sea la noche o cuán empinada sea la montaña que estás enfrentando, Dios está contigo.

Esta promesa es un recordatorio para TODAS nosotras. Cuando nos encontramos en medio de las tormentas de la vida, cuando enfrentamos pérdidas, desafíos monetarios, problemas de salud o relaciones rotas, Dios nos dice lo mismo: "Sé fuerte y valiente. No tengas miedo ni te desanimes, porque yo estaré contigo dondequiera que vayas."

Aunque nuestras luchas pueden variar, todas sabemos lo que es enfrentar momentos de oscuridad y dificultad. Podemos sentirnos pérdidas en un bosque oscuro de incertidumbre, donde el miedo y la confusión nos amenazan.

¿Te has sentido así alguna vez? ¿Te has encontrado en un momento de tu vida en el que todo parece estar en contra tuya? Puede que te encuentres en una situación en la que la valentía parezca difícil de tener, donde los problemas y las pruebas te persiguen y te sientes ahogada. Tal vez enfrentas la angustia de no saber qué camino tomar, o las heridas del pasado siguen pesando en tu corazón, o has enfrentado pérdidas dolorosas. En esos momentos, la voz de Dios te llama a la valentía.

La valentía no significa que nunca sentirás miedo, sino que, a pesar del miedo, te levantarás y avanzarás. Dios está contigo. Él es tu refugio y tu apoyo en tiempos de dificultad.

Puedes estar ahora mismo en una encrucijada, enfrentando una prueba aparentemente insuperable. Puedes sentirte como si las lágrimas fueran tus únicas compañeras cada noche. Pero lee en voz alta estas palabras: "Sé fuerte y valiente."

El Señor tu Dios, el mismo que caminó conmigo durante mi batalla contra el cáncer está contigo ahora. Él te llama a levantarte con valentía, a secar esas lágrimas y a enfrentar tus desafíos con confianza.

Si te estás preguntando: ¿cómo puedo encontrar esa valentía? Ya tienes respuesta: tienes que ser fuerte y valiente, no es una sugerencia, es una orden divina. Dios no te está pidiendo que enfrentes tus desafíos sola, te está diciendo que Él está contigo en cada paso del camino.

No permitas que el miedo te paralice ni que la desesperación te consuma. Tienes dentro de ti una fortaleza que sólo puede provenir de Dios. Él te equipará con la valentía necesaria para superar tus obstáculos, Él es tu guía y protector.

Hoy, te desafío a que te enfrentes al día con una nueva determinación. Recuerda que tienes una promesa sólida y poderosa en la que apoyarte. Levántate y reclama con valentía la promesa de Dios. No estás sola en esta batalla, y con Él a tu lado, puedes enfrentarlo todo.

Entonces, en este momento, háblale a tu alma, a tu corazón y declara que no serás dominada por la ansiedad, la tristeza o la incertidumbre. Dios está contigo, y en Su fortaleza, encontrarás la tuya.

No permitas que nada te detenga. No te conformes con la mediocridad ni te rindas ante la adversidad. Tienes la valentía de reclamar las promesas de Dios para tu vida, de avanzar con confianza y de superar cualquier desafío que se interponga en tu camino.

Oremos:

En la fortaleza de Dios, me paro hoy ante mis desafíos y adversidades. Aceptó con valentía la promesa de que Él siempre estará a mi lado, guiándome y protegiéndome en cada paso de mi camino. No permitiré que el miedo ni la desesperación me dominen, porque sé que en Dios encuentro la fuerza para superar cualquier obstáculo. Confiaré en Su amor y en Su poder para enfrentar cada día con determinación y coraje. Soy una mujer fuerte y valiente, con estas palabras en mi corazón, declaró que el Señor mi Dios me acompaña dondequiera que vaya. En el nombre poderoso de tu hijo Jesucristo, Amén.

1. **Haz una lista de los desafíos que tienes por delante.** Ahora pónlos todos a los pies de Jesús.

2. Reflexiona en los siguientes versículos:

· *Romanos 8:38-39* **"Por lo cual estoy seguro de que ni la muerte, ni la vida, ni ángeles, ni principados, ni potestades, ni lo presente, ni lo por venir, ni lo alto, ni lo profundo, ni ninguna otra cosa creada nos podrá separar del amor de Dios, que es en Cristo Jesús Señor nuestro".**

· *Salmos 139:9-10* **"Si tomare las alas del alba
Y habitare en el extremo del mar,
Aun allí me guiará tu mano,
Y me asirá tu diestra"**

- *Salmos 126:5-6* **"Los que sembraron con lágrimas, con regocijo segarán. Irá andando y llorando el que lleva la preciosa semilla; Más volverá a venir con regocijo, trayendo sus gavillas".**

Día 16

Fortaleza en medio del miedo

Versículo clave:

"No temas, porque yo estoy contigo; no te desalientes, porque yo soy tu Dios. Te fortaleceré y te ayudaré; te sostendré con mi diestra victoriosa".

Isaías 41:10

¿Alguna vez has sentido ese nudo en el estómago que viene con el miedo?

Esa sensación que nos paraliza, que nos hace dudar de nosotros mismos y de nuestras capacidades. Es completamente normal sentir miedo en ocasiones, pero lo que hacemos con ese miedo es lo que realmente importa.

Quiero que pienses en situaciones de tu propia vida donde el miedo te haya atascado en el camino. Tal vez haya sido el miedo a hablar en público, el temor a asumir nuevos desafíos o incluso el miedo a tomar decisiones importantes. Estos son momentos en los que el miedo puede sentirse como un monstruo gigante que no nos permite avanzar.

Conozco a una mujer llamada Elena, ella siempre soñó con cambiar de carrera y seguir su pasión por la música. Sin embargo, el miedo la tenía atrapada en un trabajo que no le satisfacía, temiendo a lo desconocido y a las opiniones de los demás.

Sus constantes pensamientos eran: "¿Y si dejo mi trabajo y me va mal?", "Puede que solo pierda el tiempo y pierda algo seguro por estar inventando", "Todos me dicen que no se puede vivir de la música que es solo un hobby (afición)".

Y así, perdió años de su vida haciendo una labor que no la hacía feliz, y mujeres, vinimos a este mundo a ser FELICES, no a vivir del miedo ni del qué dirán.

Un día, Elena se encontró leyendo Isaías 41:10, esas palabras quedaron marcadas para siempre: *"No temas, porque yo estoy contigo..."* Cuando ella contaba esta historia sus ojos brillaban y dijo que fue como que Dios le habló directamente, diciéndole que no tenía por qué temer. Poco a poco fue reuniendo el coraje para seguir su sueño de estudiar música.

Elena no solo enfrentó el miedo de cambiar de carrera, sino que también tuvo que superar el temor al fracaso y a las críticas. Pero a medida que avanzaba, descubrió la fortaleza que solo Dios puede proporcionar. A través de los altibajos, sintió la presencia de Dios fortaleciéndola, guiándola y sosteniéndola.

Hermosa, puede que también tengas miedo en tu vida, tal vez a hablar en público, a asumir nuevos desafíos o a tomar decisiones importantes. Pero hoy, quiero recordarte que Dios está contigo en cada uno de esos momentos. Él no solo te anima a no temer, sino que te ofrece Su fortaleza para que puedas superar esos miedos.

Imagina a una mujer que, como Elena, siente un miedo paralizante ante la idea de hablar en público. Quizás tiene que dar una presentación en el trabajo o hablar en una reunión. El miedo intentará apoderarse de ella, haciéndola dudar de su capacidad para expresarse con confianza. Pero en ese momento de ansiedad, recuerda lo que la Biblia dice en Isaías 41:10 y encuentra consuelo en las palabras: *"No temas, porque yo estoy contigo..."*

Este versículo no sólo se aplica a Elena; es una promesa que abarca todas las áreas de la vida. Si enfrentas una oportunidad que te asusta, recuerda que Dios te ayudará. Da el paso con fe y cree que Él te sostendrá.

Ahora, pensemos en una persona que enfrenta el miedo de asumir nuevos desafíos. Tal vez está considerando un cambio de carrera o un proyecto ambicioso que la aterra. En esos momentos de duda, recuerda las palabras de Isaías 41:10: *"Te fortaleceré y te ayudaré..."* Dios es tu fortaleza, tu apoyo inquebrantable en tiempos de dificultad.

Otra situación común es el miedo a tomar decisiones importantes. Imagina a alguien que se encuentra en una encrucijada, tratando de elegir entre dos caminos, cada uno con sus propias incertidumbres. En esos momentos de indecisión, buscar la guía de Dios a través de la oración y la reflexión puede ser el paso necesario. Confía en que Él te fortalecerá en el camino y te ayudará a tomar decisiones sabias.

Hoy, te animo a reclamar la promesa de Isaías 41:10 en tu vida. No temas, porque Dios está contigo. No te desanimes, porque Él es tu Dios. Él te fortalecerá, te ayudará y te sostendrá con Su diestra victoriosa. A medida que enfrentas tus miedos y desafíos, confía en que tienes la fortaleza de Dios a tu lado.

Así que, en este día, levántate con valentía, sacúdete los miedos y avanza con la confianza de que Dios está contigo. Recuerda que, en medio del miedo, Su fortaleza te sostiene, y en la incertidumbre, Su mano te guía. Aprovecha Su poder para superar obstáculos y lograr tus metas. ¡Nada puede detenerte cuando tienes la fortaleza de Dios como tu aliado!

Oremos:

Querido Dios, en este día, reclamo Tu promesa de fortaleza en medio del miedo. Reconozco que, en mi vida, el miedo a veces ha sido paralizante, impidiéndome avanzar hacia mis sueños y metas. Hoy, me aferro a Tu promesa de que estás conmigo, que me fortalecerás, me ayudarás y me sostendrás. Que Tu mano victoriosa me guíe en cada paso que dé. En Tu nombre, confío y avanzó con valentía. Amén.

1. **Haz una lista de los miedos que te limitan a alcanzar lo que deseas hacer en la vida.** Ahora somételos a lo que dice la Biblia en el libro de los **Salmos, capítulo 56 versos 3 al 4.** que dice que tienes el poder para dominar el miedo.

2. Haz de este versículo tu oración para vencer el miedo:

"Porque no nos ha dado Dios
espíritu de cobardía, sino de poder,
de amor y de dominio propio".

2 de Timoteo 1:7-9.

Día 17

Reclama abundancia en medio de la necesidad.

Versículo clave:

"Mi Dios proveerá a todas sus necesidades conforme a sus riquezas en gloria en Cristo Jesús".

Filipenses 4:19

Las preocupaciones financieras son algo con lo que muchas de nosotras hemos luchado. Las facturas que se acumulan, los gastos inesperados, la planificación para el futuro; todas estas cosas pueden generar estrés y ansiedad, ¿cierto? Pero hoy, te animo a llevar tus preocupaciones financieras al pie de la cruz y confiar en la provisión de Dios.

La promesa en Filipenses 4:19 nos recuerda con cariño y certeza que *"Mi Dios proveerá a todas sus necesidades conforme a sus riquezas en gloria en Cristo Jesús."* Esta promesa es un recordatorio de la abundancia que está disponible para nosotras en medio de cualquier necesidad.

Quiero que sepas que Dios conoce tus necesidades. Él es tu Padre celestial que se preocupa profundamente por ti y está comprometido a proveer para ti. La promesa en Filipenses 4:19 nos asegura que Dios no sólo proporcionará, sino que lo hará de acuerdo con Su riqueza en gloria en Cristo Jesús. No se trata solo de sobrevivir, sino de prosperar en todas las áreas de tu vida, incluyendo tus finanzas, y ¿quieres saber porque estoy tan segura de esto?

Hace algunos años, mi esposo y yo nos encontrábamos en una situación desesperada. Nuestro negocio había quebrado, perdimos nuestro hogar y estábamos en una montaña rusa financiera que parecía no tener fin. No teníamos idea de cómo íbamos a cubrir las necesidades básicas de nuestra familia. Las facturas se acumulaban, y las deudas parecían inabarcables. Fue un momento de profunda necesidad, pero también de profunda fe.

En ese período de lucha, entendí que el dinero y las posesiones materiales no eran el fundamento de mi vida. Esta experiencia me hizo darme cuenta de que había estado persiguiendo las cosas equivocadas.

Fue entonces cuando Dios me condujo a buscar primero Su reino, Su voluntad y Su amor con más pasión que nunca. Dejé de lado la preocupación constante por el dinero y empecé a confiar en la promesa de Filipenses 4:19. Aprendí que Dios no sólo provee, sino que lo hace de acuerdo con Su riqueza en gloria en Cristo Jesús. Esta promesa no se limita a la supervivencia, sino que abarca la prosperidad en todas las áreas de la vida, incluyendo las finanzas.

Mi historia no termina en la desesperación financiera. En lugar de aferrarme a la ansiedad, decidí reclamar mis riquezas en nombre de Dios, me levanté y me alineé a su propósito. Entendí que había abundancia en la necesidad, tenía abundancia de fe, de salud, tenía dos piernas, dos brazos, dos manos, dos ojos, Dios me concedió un templo, todo lo que necesitaba para levantarme ya lo tenía y la angustia me cegaba, mi única tarea era encomendar mi vida a Él. Dios me dio a mí y a mi esposo una visión de Fe que nos levantó de las cenizas, y sé qué tu estas por vivir este milagro.

Entonces, querida mujer, ¿alguna vez has sentido que tus finanzas están fuera de control? ¿Te has preocupado por cómo cubrirás las necesidades básicas, especialmente si estás sola o eres madre soltera? ¿Has sentido que el dinero es una fuente constante de estrés y ansiedad en tu vida?

No estás sola. Muchas de nosotras hemos estado allí. Sé que las luchas financieras pueden ser aún más abrumadoras para las mujeres que enfrentan solas la responsabilidad de mantener a sus familias. Pero quiero que sepas que esta promesa de provisión en Filipenses 4:19 es para ti también.

Dios conoce tus necesidades. Él es tu Padre Celestial, el defensor de las viudas y el proveedor de los huérfanos. La promesa en Filipenses 4:19 es un llamado a confiar en que Dios es el proveedor definitivo en nuestras vidas. Nos invita a buscar primero Su reino y confiar en que todas estas cosas nos serán añadidas (Mateo 6:33). Entonces, en medio de tus preocupaciones financieras, toma un momento para orar y entregarle a Dios tus necesidades y las de tu familia.

Que este día sea un paso hacia una mayor confianza en la provisión divina. Confiando en la promesa de Filipenses 4:19, reclama la abundancia que Dios tiene para ti. Puedes experimentar Su provisión en medio de cualquier necesidad, y a través de esto, encontrarás paz y seguridad en tu vida financiera.

Oremos:

Amado Padre celestial, hoy te traemos nuestras preocupaciones financieras. Reconocemos que, a menudo, nos sentimos abrumadas por las necesidades y las responsabilidades financieras. Pero confiamos en Tu promesa en Filipenses 4:19 de que proveerás todas nuestras necesidades conforme a tus riquezas en gloria en Cristo Jesús.

Dios, te pedimos que nos guíes en la administración de nuestras finanzas y que nos muestres cómo confiar más en Tu provisión. Ayúdanos a buscar primero Tu reino y Tu justicia, confiando en que todas estas cosas nos serán añadidas. Que nuestras vidas financieras sean testimonios de Tu fidelidad y generosidad.

Gracias por ser nuestro proveedor constante. En el nombre poderoso de tu hijo Jesucristo, amén.

1. **Hoy conecta tu pensamiento en Dios y la obra maravillosa que quiere hacer en ti.** En este día no pienses en las cosas que debes resolver sino entrégale todo a Dios y espera escuchar su voz, su guía, que de seguro vendrá a ti de una forma clara.

2. Apóyate en los siguientes versículos:

- *1 de Pedro 5:7 "...echando toda vuestra ansiedad sobre él, porque él tiene cuidado de vosotros".*

- *Salmos 37:39 "Pero la salvación de los justos es de Jehová, y él es su fortaleza en el tiempo de la angustia".*

- *Juan 16:33 **"Estas cosas os he hablado para que en mí tengáis paz. En el mundo tendréis aflicción; pero confiad, yo he vencido al mundo".***

Día 18

Reclama el poder de tu propósito

Versículo clave:

"No temas, porque yo estoy contigo; no te desalientes, porque yo soy tu Dios. Te fortaleceré y te ayudaré; te sostendré con mi diestra victoriosa".

Isaías 41:10

En medio de los desafíos de la vida, muchas veces me he encontrado con historias que me han inspirado y han demostrado cómo podemos desatar el poder de nuestro propósito con valentía. Permíteme contarte lo que vivió una amiga cercana, una historia que me ha conmovido hasta las lágrimas. Es una historia de fuerza, perseverancia y una fe inquebrantable.

Esta amiga se encontró en un punto crítico de su vida. Como madre soltera, cargaba con la responsabilidad de criar y cuidar a su hijo de cuatro años. Las noches eran largas y agotadoras, y las preocupaciones constantes eran como una gota de agua cayendo constantemente sobre su cabeza. Con tres trabajos para pagar la renta de su hogar y poder dar de comer a su hijo, apenas tenía tiempo para ella misma. El estrés, el cansancio y el miedo se habían convertido en compañeros habituales de sus días.

Es posible que te identifiques con esta historia. Tal vez hayas experimentado momentos de incertidumbre abrumadora, especialmente cuando se trata de las personas que amas y tus propios sueños.

Pero lo que hizo que esta historia fuera verdaderamente conmovedora fue la valentía de esta amiga para abrazar su propósito a pesar de las circunstancias. En medio de las luchas cotidianas, encontró la fortaleza para buscar su propósito en la vida. Comenzó a preguntarse qué la hacía sentir viva, qué actividades le llenaban el corazón y cómo podría usar sus dones y talentos únicos para impactar el mundo.

Un día, mientras buscaba respuestas y esperanza en medio de su agotamiento, tropezó con un versículo que llenó de valentía su corazón: *"No temas, porque yo estoy contigo; no te desalientes, porque yo soy tu Dios. Te fortaleceré y te ayudaré; te sostendré con mi diestra victoriosa"* (Isaías 41:10).

Este versículo se convirtió en su esperanza. Le recordó que no estaba sola en su lucha, que Dios estaba con ella en cada paso del camino. Este encuentro divino la inspiró a tomar un paso audaz: comenzó un blog personal donde compartía sus pensamientos, experiencias y la inspiración que encontraba en las Escrituras.

A medida que lo hacía, descubrió que tenía un don para conectar con otras personas a través de sus palabras. Su blog comenzó a ganar seguidores, y las personas se sentían inspiradas y alentadas por sus historias y consejos de vida. Lo que comenzó como una búsqueda personal de propósito se convirtió en una forma de impactar positivamente en la vida de los demás.

Esta historia me llena de muchísima emoción porque refleja el poder de la valentía y la fe en medio de las pruebas. Nos recuerda que, a pesar de cuán abrumadoras parezcan las circunstancias, podemos desatar el poder de nuestro propósito cuando confiamos en Dios. No permitas que el temor o las voces negativas te detengan. Dios te ha creado con un propósito especial y te ha dotado con la valentía necesaria para alcanzarlo.

Puede que tu camino esté lleno de desafíos, pero te animo a mirar esta historia como un faro de esperanza. Cuando confiamos en la dirección de Dios y en su fidelidad, podemos avanzar con valentía hacia la realización de nuestro propósito. Mantén tus ojos en Él y permítele equiparte con todo lo que necesitas para triunfar.

Oremos:

Padre celestial, hoy vengo ante Ti con un corazón conmovido por esta historia de valentía y fe. Te agradezco por estar conmigo en cada paso que doy. Ayúdame a desatar el poder de mi propósito y a caminar con valentía hacia mis metas, sin importar las circunstancias. Fortaléceme y sostenme con tu mano victoriosa. Permíteme ser una mujer llena de determinación y confianza, sabiendo que contigo todo es posible. Ayúdame a confiar en tu dirección y en tu fidelidad en todo momento. En el nombre poderoso de tu hijo Jesucristo, amén.

1. Cualquiera que sea tu situación, te animo a que comiences a escribir lo que sientes, mientras te fortaleces en la fe. Cuando Dios te consuele y te anime a través de un versículo de la Palabra de Dios, escríbelo, medita en él y háblales a otros de lo mucho que te ha ayudado a ti esa palabra.

2. No tengas temor de contar tus experiencias porque de seguro van a ayudar a otras personas.

Día 19

Reclama tus
recompensas

Versículo clave:

"Igualmente, a todo hombre a quien
Dios ha dado riquezas y bienes, lo
ha capacitado también para comer
de ellos, para recibir su recompensa
y regocijarse en su trabajo: esto es
don de Dios".

Eclesiastés 5:19

Voy a compartir contigo una verdad que puede
transformar tu vida:

***¡Tienes el derecho y la capacidad de reclamar la
abundancia en tu vida, en el nombre de Dios!***

¿Alguna vez te has sentido atrapada por las preocupaciones
financieras? ¿Has cuestionado si las riquezas y los bienes
son un don divino o si estás destinada a luchar eternamente
por llegar a fin de mes? A veces, cuando estamos inmersas
en las luchas económicas, perdemos de vista que Dios es el
dador de todas las bendiciones, incluyendo las financieras.

Te cuento la historia de una amiga muy querida, en este libro, la llamaré Oriana, quien desde muy chiquita siempre sintió una profunda pasión por ayudar a los demás. Creció en una familia y ambiente en el que las dificultades económicas eran la norma, pero su corazón estaba lleno de compasión y sueños de hacer una diferencia en la vida de las personas.

Cuando Oriana terminó la escuela, comenzó a trabajar de mesera. Cada dólar que ganaba lo ahorraba, y mientras servía mesas, también servía a su visión. Sabía que tenía un propósito más grande en la vida que simplemente ganar dinero para sí misma.

Aunque sus recursos eran limitados, creía firmemente en el poder de la fe y la determinación. Comenzó a ofrecer su tiempo como voluntaria en un refugio para personas sin hogar, donde se dio cuenta de la magnitud de la necesidad que existía en el mundo. Ese fue el momento en que su visión comenzó a tomar forma.

A pesar de que su trabajo de tiempo completo apenas le proporcionaba lo suficiente para sobrevivir, Oriana comenzó a ahorrar cada centavo que podía. Su sueño era crear un refugio para personas sin hogar que ofreciera más que simples camas y comidas. Quería ofrecer un lugar de apoyo, rehabilitación y esperanza. Con el tiempo, logró ahorrar lo suficiente para dar el primer paso hacia su sueño.

Los años pasaron, y Oriana continuó trabajando arduamente y ahorrando todo lo posible. Con el tiempo, pudo rentar una casa que se convertiría en su primer refugio. A medida que su proyecto crecía, muchas personas, incluyéndome, nos unimos a su causa, ofreciendo nuestro tiempo como voluntarios y nuestros recursos para ayudar a los menos afortunados.

Oriana enfrentó desafíos financieros y obstáculos a lo largo del camino, pero nunca renunció a su visión. Confío en que Dios la había capacitado para hacer una diferencia en la vida de los demás. Reclamó la abundancia, no sólo para sí misma, sino para las personas a las que servía.

Hoy, el refugio de Oriana es un lugar de esperanza y transformación, que no solo ofrece ropa, zapatos y juguetes para miles de niños en estado de extrema pobreza. También hemos logrado construir comedores para que cada niño tenga para comer cada semana. Su fe y determinación, respaldadas por el don de Dios, le permitieron materializar su visión. Ahora su meta es construir un edificio donde pueda recibir a muchas más personas, y sé que lo logrará.

La historia de Oriana, es un testimonio vivo de cómo una mujer, a pesar de sus humildes comienzos y limitaciones financieras, reclamó las recompensas que Dios tenía preparadas para ella. Supo que tenía el derecho y la capacidad de hacer una diferencia, y lo hizo con valentía y determinación.
Mujer, recuerda que todos tenemos el derecho y la capacidad de reclamar la abundancia en nuestras vidas. No importa cuán modestos sean nuestros comienzos ni cuán desafiantes parezcan las circunstancias. Cuando confiamos en Dios y nos esforzamos, podemos hacer una diferencia y reclamar la abundancia no sólo para nosotras mismas, sino también para los demás.

Este poderoso versículo también es tuyo, puedes tomarlo para ti, creerlo y declararlo diariamente. Tienes la autoridad para reclamar la abundancia en tu vida y en las vidas de tus seres queridos, en el nombre de Jesús. Cuando reconocemos que nuestras bendiciones financieras son dones divinos y aprendemos a reclamar lo que ya nos ha sido otorgado, experimentamos una paz y confianza que trascienden a las circunstancias.

Reconoce que todas tus bendiciones, incluyendo tu capacidad para generar ingresos, son un regalo de lo alto. El versículo en Eclesiastés 5:19 nos dice que Dios nos ha capacitado para recibir recompensa y regocijarnos en nuestro trabajo. Esta es una verdad que puedes hacer tuya.

Quizás te preguntes cómo puedes reclamar esta bendición. Comienza por cambiar tu perspectiva. En lugar de ver tus finanzas con temor, míralas con fe y gratitud. Agradece a Dios por lo que tienes ahora, por tu capacidad para trabajar y por las oportunidades que se presentan ante ti.

No importa cuán desalentadoras puedan parecer tus circunstancias financieras en este momento, Dios es tu proveedor. Puedes reclamar su bendición y regocijarte en el trabajo de tus manos, sabiendo que esto es un don divino.

Debes actuar, no sentarte a llorar; debes levantarte, porque Dios siempre te dará nuevas ideas y oportunidades. Eres una hija del Dios altísimo, y la abundancia es parte de tu herencia.

Permíteme recordarte una vez más que tienes el derecho y el poder de reclamar la abundancia en tu vida, en nombre de Dios. No estás destinada a luchar eternamente; estás destinada a prosperar. Que este día sea un recordatorio de que, a pesar de los desafíos financieros, puedes mirar al futuro con esperanza y confianza en la provisión de Dios.

Oremos:

Amado Padre celestial, te agradecemos por ser el dador de todas las bendiciones en nuestras vidas, incluyendo nuestras finanzas. Pedimos tu sabiduría y disciplina para administrar nuestros recursos con responsabilidad y generosidad. Fortalécenos para reclamar la abundancia en nuestras vidas, en nombre de tu amor y provisión. Permítenos mirar nuestras finanzas con fe y gratitud, sabiendo que tú proveerás para todas nuestras necesidades. En el nombre de Jesús, amén.

I. Apóyate en los siguientes versículos:

* Hageo 2:8-10 *"Mía es la plata, y mío es el oro, dice Jehová de los ejércitos. La gloria postrera de esta casa será mayor que la primera, ha dicho Jehová de los ejércitos; y daré paz en este lugar, dice Jehová de los ejércitos".*

- *Mateo 6:26 **"Mía es la plata, y mío es el oro, dice Jehová de los ejércitos. 9 La gloria postrera de esta casa será mayor que la primera, ha dicho Jehová de los ejércitos; y daré paz en este lugar, dice Jehová de los ejércitos"**.*

2. Escribe tu visión, todo lo que sueñas y somételo a la voluntad de Dios, habiendo comprobado que tus deseos se alinean a lo que Dios espera de nosotros, tomando pasos esforzados para llegar a esa meta.

Día 20

Reclama la realización de tus sueños

Versículo clave:

"Deléitate asimismo en el Señor, y él te concederá las peticiones de tu corazón".

Salmo 37:4

La vida es un hermoso lienzo en blanco lleno de sueños y anhelos. Algunos de estos sueños se encuentran en el corazón de cada persona, esperando florecer y realizarse. En este capítulo, exploraremos la belleza de perseguir los sueños que Dios ha colocado en nuestros corazones y cómo Él trabaja en nuestras vidas cuando nos deleitamos en Él. En nuestro viaje hasta aquí, hemos explorado verdades que fortalecen nuestra fe y nos dan esperanza en medio de las pruebas. Ahora, centrémonos en esos anhelos, esos deseos que laten en nuestro ser, esperando ser realizados.

Permíteme compartirte la historia de una amiga llamada Gabriela. Gabriela siempre había soñado con ser maestra, inspirar a los jóvenes y ayudarlos a descubrir su potencial. Sin embargo, debido a las circunstancias de la vida, Gabriela se encontró trabajando en la entrega de pedidos para la compañía más importante de compras en línea, un trabajo que, aunque era estable y proporcionaba para su familia, no la llenaba por completo. A menudo, mientras conducía para entregar paquetes, miraba por la ventana de su carro, soñando con estar en un salón de clases.

El trabajo de entregas era una realidad que había llegado a su vida debido a circunstancias que no estaban en sus manos cambiar en ese momento. Gabriela era una mujer de responsabilidad, y había asumido este trabajo para brindar seguridad y sustento a su familia en un momento difícil. Aunque no era su vocación soñada, lo realizaba con diligencia y compromiso.

Cada día, Gabriela entregaba paquetes a familias y empresas, llevando sonrisas y comodidades a las puertas de las personas. Aunque su trabajo no estaba relacionado directamente con la enseñanza, ella veía cada día como una oportunidad de aprender y crecer. Mientras manejaba, escuchaba audiolibros y podcasts sobre educación, y aprovechaba su tiempo libre para estudiar y prepararse para su futuro deseado.

Los días eran largos y agotadores, pero Gabriela nunca dejó de soñar con ser maestra. Su familia la apoyaba incondicionalmente, viendo la pasión que ardía en su interior. Tomó cursos en línea y asistió a talleres de capacitación en su tiempo libre, acumulando conocimientos y habilidades para el día en que su sueño se hiciera realidad.

A pesar de los obstáculos, Gabriela perseveró. Pasaron años de trabajo arduo y sacrificio. Luchó contra momentos de desánimo y dudas, pero nunca abandonó su sueño. Sus compañeros de trabajo a menudo la veían estudiando durante los descansos y compartiendo su pasión por la educación con quienes la rodeaban.

Finalmente, después de años de esfuerzo y dedicación, Gabriela recibió su título como maestra. El día en que se paró frente a su propia clase de estudiantes, sintió una profunda gratitud y alegría. Su sueño de toda la vida se había convertido en realidad, y sabía que estaba donde Dios la había destinado a estar.

La historia de Gabriela es un testimonio de cómo, cuando nos deleitamos en el Señor, Él trabaja en nuestras vidas de maneras sorprendentes. No siempre es un proceso fácil ni rápido, pero cuando nuestros deseos son confirmados por Dios, experimentamos la plenitud de Sus bendiciones.

Hoy, te invito a reflexionar sobre tus sueños y anhelos más profundos. ¿Qué sueños laten en tu corazón, esperando ser realizados? ¿Te has deleitado en el Señor y has buscado Su guía en la realización de estos sueños?

Recuerda, mujer valiente, que tus sueños no son insignificantes. Cada uno de ellos tiene un lugar especial en tu historia, y Dios está interesado en cada uno de ellos. Si tus deseos están alineados con Su voluntad, Él concederá las peticiones de tu corazón en Su tiempo perfecto.

Pregúntate a ti misma: ¿He estado buscando mi satisfacción en las cosas del mundo o en la presencia y el propósito de Dios en mi vida? ¿Estoy dispuesta a confiar mis sueños y deseos a Su cuidado y dirección?

El versículo clave de hoy, tomado del Salmo 37:4, es una llamada a la acción poderosa: *"Deléitate asimismo en el*

Señor". Nos dice que cuando nos deleitamos en Dios, cuando encontramos nuestra satisfacción más profunda en Su presencia, algo hermoso sucede. Nuestros deseos comienzan a alinearse con los suyos, y Él empieza a concedernos los anhelos de nuestro corazón.

La vida está llena de sueños, algunos son pequeños destellos de esperanza en nuestro día a día, mientras que otros pueden parecer distantes y aparentemente inalcanzables, como estrellas en el cielo nocturno. Cada uno de estos sueños tiene un valor especial en nuestro corazón y cada uno de ellos merece ser reconocido y nutrido.

Piensa en tus propios sueños. ¿Qué es aquello que anhelas con todo tu corazón? ¿Es una familia amorosa, una carrera significativa, o la oportunidad de hacer una diferencia en el mundo? No importa cuál sea tu sueño, quiero que sepas que Dios está interesado en cada uno de ellos. Cada uno de tus deseos, cuando se alinean con Su voluntad y propósito, es valioso y significativo.

El secreto, amiga mía, es encontrar tu satisfacción en el Señor. Deléitate en Él. Busca Su presencia en cada paso de tu vida. Haz que tu relación con Él sea tu mayor fuente de alegría y contentamiento. No significa que tus deseos desaparecerán; en cambio, significa que tus deseos serán moldeados y perfeccionados por la sabiduría y el amor de Dios. A medida que te deleitas en Él, tus sueños se vuelven más coherentes con Su voluntad y propósito.

Cuando tu relación con Él Señor es tu mayor prioridad, tus deseos se convierten en parte de Su historia para ti. No es una fórmula mágica para obtener todo lo que deseas, sino un camino hacia la realización de los deseos más profundos de tu corazón según el corazón de Dios.

Oremos:

Padre celestial, en este día te agradecemos por la hermosa promesa contenida en el Salmo 37:4. Nos animas a deleitarnos en Ti, a encontrar nuestra mayor satisfacción y alegría en Tu presencia. Hoy, presentamos ante Ti nuestros sueños y deseos más profundos. Queremos que nuestros corazones se alineen con los tuyos, y que nuestros deseos reflejen Tu voluntad perfecta para nuestras vidas. Ayúdanos a buscar primero Tu reino y Tu justicia, confiando en que, cuando lo hacemos, nos concedes las peticiones de nuestro corazón. En el nombre de Jesús, amén.

1. **Si no has realizado el mapa de tus sueños, comienza a escribirlo ya.** Para cada anhelo, busca un versículo de la Palabra de Dios que lo sustente y medita en eso día a día.

2. **Toma tiempo para estar con Dios a solas, allí, trae todo pensamiento cautivo a los pies de Jesucristo.** Concéntrate en tu diálogo con el Señor y guarda silencio para que escuches Su voz dentro de tu corazón.

Día 21

Entrega tus proyectos al señor

Versículo clave:

"Pon en manos del Señor todas tus obras, y tus proyectos se cumplirán".

Proverbios 16:3

El cumplimiento de tus sueños es posible. La Biblia nos revela en Proverbios 16:3 la clave para ver nuestros proyectos y sueños hechos realidad: ***"Pon en manos del Señor todas tus obras, y tus proyectos se cumplirán."***

Los sueños son como destellos de esperanza que iluminan nuestro camino en la vida. Pueden variar desde las metas profesionales hasta los anhelos personales, y cada uno de ellos lleva una parte de tu corazón. Tal vez sueñas con una carrera exitosa, una familia amorosa, o el impacto que deseas tener en el mundo. Cada sueño que albergas es valioso y tiene un lugar especial en tu vida.

Permíteme compartir contigo una historia personal que ilustra el poder de poner en manos del Señor nuestros proyectos y sueños. Esta es mi historia, la historia de cómo mi esposo Jeff y yo pasamos de ser millonarios, a perderlo todo en la crisis financiera de 2008 aquí en los Estados Unidos. Pero a través de las pruebas y desafíos, encontramos la fortaleza en Dios y una misión que cambiaría nuestras vidas y las vidas de muchos otros.

Hace algunos años, Jeff y yo vivíamos una vida cómoda y próspera. Éramos millonarios, teníamos propiedades, inversiones y estábamos planeando un futuro seguro para nuestra familia. Sin embargo, la crisis financiera de 2008 cambió todo eso. Perdimos prácticamente todo lo que habíamos trabajado tan duro para lograr. Fue un período de profunda incertidumbre y lucha.

Por si fuera poco, también enfrenté graves problemas de salud que parecían empeorar con cada día que pasaba, yo perdí la vida por unos minutos en la sala de emergencia de un hospital por un ataque de asma, y fui reanimada. La combinación de dificultades financieras y problemas de salud me llevó a arrodillarme finalmente ante Dios en busca de respuestas y esperanza.

Fue en ese momento de rendición total ante Dios que Él me entregó una misión. Él conocía la visión en mi corazón, y esa visión era ayudar a las personas a transformar sus vidas, especialmente en lo que respecta a la salud y el bienestar. A pesar de las dificultades que estábamos experimentando, supe en mi espíritu que esta misión era de Dios.

Jeff y yo decidimos poner en manos del Señor todos nuestros proyectos. A medida que confiábamos en Dios y avanzábamos paso a paso, comenzamos a ver oportunidades y puertas que parecían divinamente orquestadas. A pesar de nuestras limitaciones financieras y desafíos de salud, Dios nos capacitó para comenzar un negocio que tenía un propósito mucho más profundo: ayudar a las personas a mejorar sus vidas, tanto física como espiritualmente.

Así nació Adelgaza20. A pesar de nuestras luchas iniciales y la incredulidad de algunos, perseveramos. Con el tiempo, nuestro negocio comenzó a crecer y a impactar positivamente las vidas de miles de personas. Pasamos de tener $200 dólares en el bolsillo a tener un negocio que, con la gloria de Dios, se convirtió en un negocio millonario. Cada testimonio de transformación es un recordatorio del poder de Dios para cambiar vidas.

Esta historia es un testimonio de cómo, al poner en manos del Señor todos nuestros proyectos y sueños, Él puede tomar nuestras pruebas y convertirlas en un propósito más grande de lo que jamás podríamos haber imaginado. No importa cuán oscuro sea tu pasado o cuán incierto parezca tu futuro; cuando confías en Dios, Él puede llevar tus proyectos a cumplimiento.

Hoy, te animo a reflexionar sobre tus propios proyectos y sueños. ¿Qué visión llevas en tu corazón? ¿Has considerado ponerlos en manos del Señor y confiar en Su dirección y propósito? Puedes ser testigo del poder de Dios para transformar tus proyectos y llevarlos a cumplimiento.

Recuerda que, como dice Proverbios 16:3, al poner en manos del Señor todas tus obras, tus proyectos se cumplirán. No importa cuán modestos o ambiciosos sean tus sueños, Dios puede obrar en tu vida de maneras sorprendentes cuando confías en Él. Entrega tus proyectos al Señor hoy y observa cómo Él guía tus pasos hacia un futuro lleno de propósito y bendición. ¡La gloria será siempre de Él!

Oremos:

Amado Dios, hoy vengo delante de tu presencia con un corazón contrito, humilde y agradecido, reconociendo que tu eres mi Señor y Salvador. Reconozco que todo plan que ponga en tus manos se cumplirá, como dice tu Palabra. Por eso, pongo en tus manos los planes, sueños y proyectos que has depositado en mí. Cuida cada detalle, cada relación, cada inversión, que sea tu Espíritu Santo guiándome y llevándome al maravilloso lugar que tienes para mí. Te lo pido en el nombre poderoso de Jesús. ¡Amén!

1. Medita en estos versículos y decide hoy, comenzar de nuevo:

· *Isaías 43:19 "He aquí que yo hago cosa nueva; pronto saldrá a luz; ¿no la conoceréis? Otra vez abriré camino en el desierto, y ríos en la soledad".*

_____

_____

_____

_____

_____

_____

_____

_____

- *Job 8:7* **"Y aunque tu principio haya sido pequeño, Tu postrer estado será muy grande".**

- *Salmos 37:24* **"Cuando el hombre cayere, no quedará postrado, porque Jehová sostiene su mano".**

Día 22

Un viaje de fe, visión y paciencia

Versículo clave:

"Todo es posible para el que cree".

Marcos 9:23

Era un día común y corriente en mi vida, hasta que recibí un mensaje de texto que irrumpió en mi mundo como un trueno en un día despejado. En ese momento, supe con una certeza aterradora que mi vida estaba a punto de cambiar de formas que ni siquiera podía imaginar.

Pero, para entender completamente el impacto de ese mensaje, debemos retroceder siete años en el tiempo, a un momento en que mi hija Mía y yo nos embarcamos en una aventura que transformaría nuestras vidas de maneras inimaginables: las misiones humanitarias.

Lo que comenzó como una forma de mostrarle a Mía la dura realidad de Latinoamérica se convirtió en una experiencia que nos unía anualmente con un propósito: ayudar a niños que vivían en la más extrema pobreza. Cada diciembre, después de meses de arduo trabajo, nos esforzábamos aún más para llevar juguetes, zapatos, ropa y, sobre todo, amor a niños que, debido a circunstancias difíciles, no podían disfrutar de la Navidad.

El año era 2017, y yo regresaba de un exitoso tour promocional de mi libro *"Irresistible y Sana"*. Todo iba viento en popa, y Mía y yo estábamos emocionadas por nuestra próxima misión: visitar un orfanato en Nicaragua. Habíamos recaudado fondos para construir tres casas y alimentar a más de 600 niños necesitados. La expectación y la emoción eran palpables.

Sin embargo, al llegar a Nicaragua, algo parecía estar fuera de lugar. Nos encontramos frente a un oficial de inmigración que nos informó que no podíamos ingresar al país debido a la falta de una vacuna contra la fiebre amarilla. Fuimos conducidas a una habitación donde nos esperó un policía hasta el día siguiente, cuando, con el corazón roto, nos vimos obligadas a regresar a Estados Unidos. Pero, aquí viene la sorpresa que Dios tenía reservada para nosotros.

Al aterrizar en suelo estadounidense y lidiar con la humillación de la deportación, recibí un mensaje que cambiaría mi vida para siempre. Había una llamada perdida de mi médico y un mensaje urgente que me instaba a comunicarme con él sin demora. La noticia que recibí fue devastadora: tenía cáncer.

Este fue un momento de mi vida en el que me sentía invencible, Estaba en la cima de mi carrera, cosechando los frutos de mi trabajo, vendiendo libros y programas de pérdida de peso que llegaban a miles de mujeres en todo el mundo. Pero esta noticia me golpeó como un balde de agua fría y me hizo sentir vulnerable y derrotada.

Me encontraba enojada, me sentía abandonada por Dios. Me preguntaba por qué me había sacado de la oscuridad, del abuso de drogas y alcohol, para luego arrebatarme todo lo que había logrado. En una noche de lágrimas, le reclamé a Dios y cuestioné Su plan.

Nunca había sentido un dolor tan profundo en mi corazón. No quería morir; ya había escapado de la muerte en el pasado. El solo pensamiento de dejar a mis hijas solas y perder al amor de mi vida me atormentaba.

Fue entonces, en mi hora más oscura, que recibí una respuesta. Dios me habló y me hizo una pregunta sencilla pero profunda: "¿Para qué?" Esas dos palabras resonaron en mi mente y me hicieron ver que tenía que levantarme y luchar.

En ese momento, el cáncer estaba en su etapa inicial, pero la lucha no sería fácil. Probé diferentes enfoques en mi desesperación. Me convertí en crudi-vegana, luego vegana, y me aferré a la medicina holística. Me negué a regresar al oncólogo durante casi dos años, convencida de que debía ser mi propia heroína y demostrar al mundo que podía sanar con métodos naturales.

Sin embargo, Dios tenía otros planes. Después de resistir durante mucho tiempo, comprendí que debía buscar ayuda médica convencional. Cuando finalmente visité al oncólogo, su diagnóstico fue claro: el cáncer seguía presente y se estaba volviendo más peligroso.

Recuerdo haber orado intensamente en busca de dirección. Le pedí a Dios que me guiara en este camino incierto. Poco a poco, Él comenzó a mostrarme el camino correcto. Seguí haciendo lo que más me apasionaba: ayudar a las mujeres a llevar vidas más saludables, llenas de fe y confianza.

Luego, el 28 de agosto de 2019, tomé una decisión radical. Me sometí a una mastectomía doble. Sentí un miedo abrumador antes de la cirugía, preguntándome si sobreviviría. Pero cuando abrí los ojos y vi la luz a través de la ventana del hospital, supe que Dios me había entregado la victoria y había obrado un milagro.

Cuatro años han pasado desde que entré en remisión, y este capítulo en mi vida ha transformado mi perspectiva y propósito. Lo que pensé que era el fin resultó ser un nuevo comienzo. Renací con una visión clara, una misión: ayudar a las mujeres a vivir vidas saludables y plenas y continuar con mi labor de ayudar a niños que viven en extrema pobreza, no solo con un juguete, zapatos y ropa sino también con comida para todo un año.

De allí, también nació Fabulosa y Fit, un programa que ha transformado la vida de más de 100,000 mujeres en todo el mundo. Más allá de los éxitos comerciales, este proyecto ha permitido que sigamos sirviendo a Dios en misiones humanitarias como Caravana de Amor y compartiendo el evangelio con familias que necesitan esperanza y restauración.

Si estás leyendo esto, no es casualidad. Esta es una cita divina. He compartido contigo un viaje de adversidad, miedo e incertidumbre, pero también de fe, visión y paciencia.

Y quiero que sepas que, aunque tus metas puedan parecer inalcanzables, la paciencia, la disciplina y el compromiso contigo misma son las claves para el éxito.

Y finalmente, graba esto en tu corazón: *"Todo es posible para el que cree"* (Marcos 9:23). Tú tienes el poder de superar desafíos aparentemente insuperables.

Y para ti, querida mujer quiero que sepas que esta promesa no se limita a mi historia, sino que es un regalo que Dios te ofrece también. Esta promesa es para ti y para todas las mujeres valientes que luchan contra sus propios desafíos y adversidades.

No importa cuán imposibles parezcan tus circunstancias, siempre y cuando mantengas la fe y creas en ti misma, hay un poder divino que te respalda. Así como yo encontré fuerzas en medio de la adversidad, tú también puedes reclamar la victoria sobre tus desafíos.

Comienza por estudiar y aprender. Busca las herramientas y el conocimiento que necesitas para enfrentar tus desafíos con valentía. Luego, aplica lo que aprendas. No te detengas ante los obstáculos; sigue adelante con determinación. Mantén tu fe en alto. Confía en que Dios está contigo en cada paso del camino, guiándote y sosteniéndote. No importa cuán oscura sea la noche, la luz de la esperanza siempre brilla al final.

Así que, reclama esta promesa para tu vida, al igual que yo lo hice. Cree en ti misma y en el poder divino que te respalda. Con fe, visión y paciencia, puedes superar cualquier desafío y alcanzar tus metas más grandes. ¡Todo es posible para ti, porque tú crees!

Oremos:

Querido Dios, en este momento, alzo mi voz con determinación y proclamo con fe que esta promesa es mía: "Todo es posible para el que cree". Reconozco que, al igual que la autora, tengo la capacidad de superar cualquier adversidad, lograr mis metas y cumplir mis sueños. Me comprometo a seguir aprendiendo, a aplicar con diligencia lo que aprendo, y a confiar plenamente en Tu guía divina. Mi vida está en constante evolución, y con Tu ayuda, alcanzaré todo lo que me proponga. Esta promesa es mi ancla, mi fuente de fortaleza y mi recordatorio de que, a pesar de los desafíos, todo es posible cuando creo en Ti y en el poder divino que mora en mí. Gracias Señor por esta promesa que me has dado, te pido me ayudes a mantenerla en todos mis días, te lo pido en el nombre poderoso de tu hijo Jesucristo, Amén.

1. Medita en estos versículos y llévalos en tu corazón para cada circunstancia difícil que te toque enfrentar, y para compartirlos con las personas que atraviesen desiertos y necesiten una palabra de aliento:

- *2 de Corintios 12:9* **"Y me ha dicho: Bástate mi gracia; porque mi poder se perfecciona en la debilidad. Por tanto, de buena gana me gloriaré más bien en mis debilidades, para que repose sobre mí el poder de Cristo".**

- *Isaías 40-29* **"Él da esfuerzo al cansado, y multiplica las fuerzas al que no tiene ningunas".**

Día 23

Reclama bases sólidas para tu vida

Versículo clave:

"Por tanto, todo aquel que oye estas palabras mías y las pone en práctica, será semejante a un hombre prudente que edificó su casa sobre la roca".

Mateo 7:24

Permíteme compartir una poderosa historia de transformación personal, la cual nos muestra la importancia de edificar nuestras vidas sobre una base sólida, tal como Jesús nos enseñó en Mateo 7:24. Esta historia es un testimonio de cómo las palabras de Jesús pueden resonar en nuestras vidas y llevarnos a la verdadera transformación.

Hace algunos años, mi esposo Jeff y yo enfrentamos un momento crucial en nuestras vidas. Vivíamos una existencia de excesos y derroches, centrada en la búsqueda del dinero y el éxito material. Nuestro negocio no estaba alineado con los valores que Dios desea para nosotros; estábamos lejos de servir y ayudar a los demás. De manera, que nuestro estilo de vida, de excesos y banalidades, nos estaba alejando de Dios en lugar de acercarnos a Él.

Fue entonces cuando la vida nos sacudió en un abrir y cerrar de ojos. Recibimos una llamada que nos informaba que habíamos perdido todo lo que habíamos acumulado durante años. La riqueza, la seguridad y el éxito que habíamos perseguido con tanto ahínco se desvanecieron en un instante.

Fue un punto de inflexión en nuestras vidas. Nos encontramos en medio de las ruinas, de lo que alguna vez fue nuestra vida, enfrentando la dura realidad de nuestras elecciones pasadas. Fue un momento de profunda introspección y una llamada de atención divina. Comprendimos que habíamos estado edificando sobre arena movediza, centrados en el mundo material en lugar de en Dios.

La historia de Jesús sobre los dos constructores, uno sabio y otro insensato, cobró vida en ese momento. Nos dimos cuenta de que debíamos seguir las enseñanzas de Jesús y construir nuestras vidas sobre una base sólida. No se trataba de acumular riquezas, sino de edificar nuestras vidas en torno a principios sólidos y la fe en Dios.

Comenzamos a sumergirnos en las Escrituras, estudiando las enseñanzas de Jesús y buscando su dirección en cada paso que dábamos. Orábamos fervientemente, buscando su guía y perdón por nuestras elecciones pasadas. Descubrimos que edificar sobre la roca significaba tomar decisiones basadas en principios sólidos, incluso cuando eso significaba enfrentar dificultades o desafiar las expectativas de otros.

Una de las áreas más impactantes del cambio fue nuestra relación con Dios. A medida que nos acercábamos a Él, experimentamos una profunda transformación en nuestras vidas. Descubrimos que la verdadera riqueza no reside en bienes materiales, sino en la relación con nuestro Creador. Nuestro amor por Dios y nuestro deseo de seguir Sus caminos se convirtieron en el centro de nuestras vidas.

Dios es la roca inconmovible, debes edificar en Él. No solamente tú debes tener fe, sino toda tu familia. La mujer sabia es la edificadora de su casa, tanto a nivel físico, emocional y ESPIRITUAL.

Fue en ese momento que también entendimos la importancia de transmitir estos principios a nuestra familia. No bastaba con que solo uno de nosotros tuviera fe; debíamos trabajar juntos para edificar nuestra vida familiar sobre la roca sólida y la fe en Dios. Comenzamos a orar en familia, a estudiar las Escrituras juntos y a inculcar en nuestras hijas los mismos principios que estábamos aprendiendo.

Comenzamos a enfocarnos en fortalecer no solo nuestras vidas espirituales, sino también nuestras relaciones familiares, nuestro bienestar físico y emocional. Descubrimos que una familia edificada sobre la roca es una familia que enfrenta las tormentas de la vida con fortaleza y unidad. Nuestra fe en Dios nos brindó la paz y la dirección que necesitábamos, y esa fe se convirtió en el cimiento sólido sobre el cual construimos nuestras vidas y nuestro hogar.

Esta historia no es solo nuestra; es un testimonio de lo que es posible cuando decidimos edificar nuestras vidas sobre una base sólida. Te animo a reflexionar sobre las áreas en las que puedes edificar sobre la roca de la fe y la obediencia. Puede ser en tus relaciones, en tu carrera, en tus decisiones cotidianas y, sobre todo, en tu relación con Dios.

Como Jesús nos enseñó en Mateo 7:24, edificar sobre la roca implica escuchar Sus enseñanzas y ponerlas en práctica en cada aspecto de nuestra vida. Recuerda que cada pequeño paso te acerca a una vida edificada sobre la roca firme de la fe y la obediencia a las enseñanzas de Jesús. A medida que lo haces, experimentarás una paz profunda y una fortaleza que te sostendrán en medio de las tormentas.

Así que, querida amiga, ¡reclama esta promesa para tu vida! Al igual que nosotros, puedes ser como la persona sabia que edificó su casa sobre la roca. Y en ese fundamento sólido, encontrarás la fortaleza y la seguridad para enfrentar cualquier desafío que se presente en tu camino. ¡Que tu vida sea un testimonio viviente de la promesa de Jesús!

Oremos:

Señor, me postro ante Ti con un corazón lleno de gratitud por las invaluables lecciones que nos has impartido y por tu constante guía en nuestras vidas. Hoy, te pido humildemente que me concedas la capacidad de erigir mi vida y la de mi familia sobre la sólida roca de la fe y la inquebrantable obediencia a tus divinas palabras, tal como nos enseñó Jesús.

Deseo que nuestra fe en Ti sea firme como una roca, que ninguna tormenta pueda desestabilizar. En medio de las tribulaciones y las tormentas inevitables que se cruzarán en nuestro camino, concédenos la confianza en tu amor y en tu guía. Prometo que nunca vacilaré en mi obediencia a tus enseñanzas, incluso cuando el viento sople fuerte y la lluvia caiga sin piedad.

Padre, reconozco que, sin Ti, somos como casas construidas sobre arena movediza, vulnerables a las adversidades que nos rodean. Pero contigo, somos invencibles, respaldados por la inquebrantable roca de tu amor y tu verdad. Me comprometo a liderar a mi familia en la construcción de una vida sólida en la fe en Dios, tanto a nivel espiritual como en todos los aspectos de nuestras vidas. Guiaré con amor, paciencia y comprensión, fomentando la relación con nuestro Creador y aplicando tus enseñanzas en nuestras acciones diarias.

En tu nombre poderoso, confío en que responderás a esta oración, porque Tú eres el Dios que escucha y que responde. Te lo pido en el nombre poderoso de tu hijo Jesucristo, Amén.

1. ¿Qué significa para ti edificar tu casa sobre la Roca?

2. ¿Cómo puedes aplicar las enseñanzas de Jesús a tus relaciones personales? ¿Has perdonado a quienes te han ofendido?

Día 24

Reclama
bondad y Dios
misericordia de
en tu vida

Versículo clave:

"Ciertamente, la bondad y la misericordia me seguirán todos los días de mi vida, y en la casa del Señor moraré por largos días".

Salmo 23:6

En tiempos antiguos, en las polvorientas calles de Jericó, vivía una mujer llamada Rahab. Su historia es un testimonio vivo de cómo la bondad y la misericordia de Dios pueden transformar vidas aparentemente rotas.

Rahab era una mujer de mala reputación, conocida por su ocupación como prostituta en la ciudad. Su vida estaba marcada por las decisiones difíciles que había tomado y las circunstancias desafiantes en las que se encontraba. Pero a menudo, son las personas que están en los lugares más oscuros quienes experimentan la luz más brillante de la gracia de Dios.

La historia de Rahab se entrelaza con el relato bíblico de la conquista de la tierra prometida por los israelitas bajo el liderazgo de Josué. Cuando los espías israelitas llegaron a Jericó, Rahab los escondió y les brindó refugio. En ese momento, Rahab mostró valentía y fe al reconocer que el Dios de Israel era el Dios verdadero y poderoso.

Rahab les dijo a los espías: *"Sé que el Señor les ha dado esta tierra y que el temor a ustedes ha caído sobre nosotros. Porque hemos oído cómo el Señor secó el agua del Mar Rojo delante de ustedes cuando salieron de Egipto"* (Josué 2:9-10). A cambio de su ayuda, Rahab pidió que ella y su familia fueran salvadas cuando Jericó cayera.

Dios honró la fe y el acto de bondad de Rahab. Cuando las murallas de Jericó cayeron, Rahab y su familia fueron rescatadas, y ella se convirtió en parte de la genealogía de Jesús (Mateo 1:5). Rahab pasó de ser una mujer marcada por su pasado a formar parte del linaje del Mesías.

La historia de Rahab es un recordatorio poderoso de la bondad y la misericordia de Dios que nos siguen todos los días de nuestras vidas. A pesar de nuestros errores y pasados oscuros, Dios está dispuesto a extendernos Su gracia y perdón si confiamos en Él y damos pasos de fe.

Querida mujer, así como Rahab fue transformada por su fe y valentía, tú también puedes experimentar la renovación y el propósito que provienen de confiar en Dios. Confía en que Su bondad y misericordia te seguirán todos los días de tu vida, y que en Su presencia encontrarás un hogar eterno.

Oremos:

Dios misericordioso, gracias por la inspiradora historia de Rahab, que nos recuerda que Tu bondad y misericordia están disponibles para todos, sin importar nuestro pasado. Te pedimos que nos ayudes a confiar en Ti y a reclamar Tu bondad y misericordia en nuestras vidas. Permítenos encontrar en Tu presencia un hogar eterno. En el nombre de Jesús, te lo pedimos. Amén.

1. Piensa de que formas has sido usado(a) por Dios.

_____

_____

_____

_____

_____

_____

_____

_____

_____

_____

_____

_____

_____

_____

_____

_____

_____

_____

_____

2. Ahora piensa en cómo puedes ser una pieza clave en los planes de Dios en esta tierra.

- *Zacarías 4:6 **"Entonces respondió y me habló diciendo: Esta es palabra de Jehová a Zorobabel, que dice: No con ejército, ni con fuerza, sino con mi Espíritu, ha dicho Jehová de los ejércitos".***

_____

_____

_____

_____

_____

_____

_____

_____

_____

_____

_____

- *Filipenses 4:13 **"Todo lo puedo en Cristo que me fortalece".***

_____

_____

_____

_____

_____

_____

_____

_____

_____

Día 25

Reclama un futuro lleno de propósito

Versículo clave:

"Porque yo sé los planes que tengo para vosotros, planes de bien y no de mal, para daros un futuro y una esperanza".

Jeremías 29:11

En tiempos bíblicos, hubo un hombre llamado Gedeón. Su historia es una inspiradora lección sobre cómo Dios puede cambiar el curso de la vida de alguien y llevarlo a un futuro lleno de propósito y esperanza.

Gedeón no se consideraba un líder poderoso ni valiente. Imagina por un momento estar en sus zapatos. ¿Alguna vez te has sentido así? ¿Has sentido que no eres lo suficientemente capaz, fuerte o talentoso para enfrentar los desafíos que la vida te presenta? Bueno, Gedeón también.

A pesar de que pertenecía a una familia modesta, Dios lo llamó "valiente guerrero" y le dio una misión trascendental. Piensa en ello: un simple hombre, inseguro y lleno de dudas, fue elegido por Dios para liderar a Israel en una batalla contra enemigos poderosos. No parece una combinación obvia de éxito, ¿verdad?

Pero aquí está la belleza de la historia de Gedeón. A pesar de sus dudas y temores, Dios lo eligió y lo llamó valiente. Dios vio algo en Gedeón que él mismo no veía. Vio su potencial, su corazón dispuesto y su voluntad de seguir.

Gedeón buscó confirmación divina a través de señales, y Dios respondió a sus peticiones con paciencia. ¿Alguna vez has buscado señales o confirmaciones de Dios en tu propia vida? Yo también. Es normal buscar una guía en momentos de incertidumbre. La historia de Gedeón nos recuerda que Dios comprende nuestras dudas y está dispuesto a responder a nuestras búsquedas sinceras.

Dios le instruyó a Gedeón que reuniera a un pequeño grupo de hombres, seleccionados cuidadosamente, para enfrentar a un ejército mucho más grande. Ahora, imagina el peso de esa responsabilidad. Gedeón debía liderar a estos hombres hacia una batalla aparentemente imposible. Sin embargo, él eligió confiar en la promesa de Dios de que estaría con él en esta empresa aparentemente insuperable.

La batalla que siguió fue una demostración impresionante del poder de Dios. A través de una estrategia ingeniosa y la intervención divina, Gedeón y sus hombres derrotaron a sus enemigos. Gedeón había descubierto que la clave de su éxito era confiar plenamente en Dios y obedecer Sus directrices.

¿Y cómo puedes relacionarte con la historia de Gedeón? Tal vez te sientes como él, con dudas y temores. Puede ser que enfrentes situaciones en tu vida que parecen desafiantes e imposibles de superar. Pero aquí está la gran noticia: la misma promesa que Dios hizo a Gedeón se aplica a ti hoy.

Dios tiene planes de bien para ti, planes llenos de un futuro brillante y esperanza. No importa cuán inadecuada te sientas, Dios puede y quiere usar tu vida de maneras sorprendentes. Su plan para ti es siempre bueno, independientemente de tus circunstancias actuales.

Entonces, mi mujer hermosa, toma el ejemplo de Gedeón. A pesar de sus inseguridades y dudas, eligió confiar en Dios y obedecer Sus instrucciones. Hoy, tú también puedes hacer lo mismo. Confía en el Dios que te llama *"valiente"*. Él ve tu potencial y está dispuesto a guiarte hacia un futuro lleno de propósito y esperanza.

Oremos:

Querido Dios, encuentro una profunda fuente de esperanza en la idea de que Tú puedes utilizar incluso a los más inseguros y débiles para cumplir Tus planes. Hoy, Señor, me sumo a esta historia y a está verdad. Mis dudas y temores a menudo nublan mi visión de lo que puedo lograr, pero reconozco que, como Gedeón, puedo confiar en Tu sabiduría y seguir Tus instrucciones.

Padre, te pido que me guíes en cada paso de mi vida. Ayúdame a vencer las inseguridades y las dudas que a veces amenazan con paralizarme. Permíteme verme a través de Tus ojos, como alguien que tiene un propósito y un destino divinos. Te entrego mis miedos y mis limitaciones, confiando en que Tú los transformarás en fortalezas. En este momento, Señor, declaro mi disposición para seguirte y obedecerte, sabiendo que Tu plan para mí es de bien y no de mal, y que tiene un futuro lleno de propósito y esperanza. Que Tu Espíritu Santo me guíe y fortalezca cada día, recordándome que no estoy sola.

Gracias, Dios, por Tu amor inquebrantable y Tu gracia abundante. En el nombre de Jesús, Amén.

1. ¿Cuáles son las áreas en las que te siente inseguro (a)?

_____
_____
_____
_____
_____
_____
_____
_____
_____
_____
_____
_____
_____
_____
_____
_____
_____
_____
_____
_____

2. Elige confiar en Dios y reflexiona en estos versículos:

- *Jeremías 33:3* **"Clama a mí, y yo te responderé, y te enseñaré cosas grandes y ocultas que tú no conoces".**

- *Juan 14:13-16* **"Y todo lo que pidiereis al Padre en mi nombre, lo haré, para que el Padre sea glorificado en el Hijo. 14 Si algo pidiereis en mi nombre, yo lo haré".**

- *Salmos 51:17* **"Los sacrificios de Dios son el espíritu quebrantado; al corazón contrito y humillado no despreciarás tú, oh, Dios".**

Día 26

Clama a Dios

Versículo clave:

"En mi angustia invoqué al Señor, y clamé a mi Dios; desde Su templo escuchó mi voz, y mi clamor llegó a Sus oídos".

Salmo 18:6

En la bulliciosa ciudad de Shiloh, vivía una mujer llamada Ana. Su vida estaba llena de luces y sombras, como la de muchas de nosotras. Ana era amable, generosa y profundamente piadosa, pero su corazón estaba marcado por una profunda angustia.

Aunque tenía un esposo que la amaba, Elcana, y una familia que la rodeaba, Ana llevaba un pesado fardo en su alma. Su mayor anhelo era el de ser madre, pero, desgarradoramente, era estéril. La infertilidad la persiguió como una sombra, nublando sus días con tristeza y sufrimiento.

Cada año, Ana y Elcana viajaban al templo de Shiloh para adorar al Señor y ofrecer sacrificios. Sin embargo, cada visita al templo era una dolorosa recordación de su incapacidad para concebir un hijo. Mientras observaba a otras mujeres bendecidas con la maternidad, Ana luchaba por contener sus lágrimas.

Un año, durante su visita al templo, algo en el corazón de Ana cambió. En lugar de ocultar su dolor, decidió enfrentarlo. Se retiró a un rincón tranquilo del templo, arrodillándose ante el Señor. Sus labios se movieron en silencio mientras las lágrimas caían por sus mejillas. Su oración no era un discurso elaborado; era un clamor desde lo más profundo de su ser.

Ana derramó su alma ante Dios. Le habló de su anhelo de ser madre, de su dolor y sufrimiento. No pidió riquezas ni fama, solo un hijo. En ese momento de angustia, ella comprendió que sólo Dios podía responder a su clamor, solo Él podía traer consuelo a su corazón afligido.

Dios escuchó a Ana. No solo escuchó sus palabras, sino que también conoció la sinceridad de su corazón. En respuesta a su ferviente oración, Dios la bendijo con un hijo, Samuel, quien se convertiría en un gran profeta y líder en Israel.

La historia de Ana nos enseña que, en medio de nuestras angustias y luchas personales, podemos acudir a Dios con humildad y confianza. A menudo, nuestras situaciones pueden parecer desesperadas, y nuestras lágrimas pueden llenar nuestros días, pero Dios está dispuesto a escuchar y responder. Su amor y comprensión son inmensurables.

Quizás, en algún punto de tu vida, te has encontrado en situaciones de angustia similares. Es posible que cargues en tu corazón anhelos profundos o que sientas el peso abrumador de una carga difícil de llevar. La historia de Ana nos revela que, en esos momentos de aflicción, tenemos el consuelo de saber que podemos recurrir a Dios. Él siempre está dispuesto a escucharnos desde lo más alto de Su morada celestial, donde Su oído amoroso capta cada una de nuestras palabras de súplica.

Oremos:

Amado Padre Celestial encuentro consuelo en saber que puedo acudir a Ti en medio de mi angustia. En los momentos de oscuridad y desesperación, reconozco que tú eres la fuente de mi fortaleza y consuelo. Escucha mi clamor, oh, Señor, y conoce los anhelos profundos de mi corazón. En estos tiempos de incertidumbre y desafío, te pido que traigas paz a mi alma y respuesta a mis necesidades.

Permíteme sentir tu presencia cercana, guiándome a través de las aguas turbulentas de la vida. Ayúdame a confiar en tu sabiduría y amor inquebrantables, recordándome que en ti encuentro refugio y fortaleza. Concede, Dios misericordioso, que mi fe se fortalezca a medida que enfrento las pruebas de la vida. Que, al igual que Ana, pueda experimentar tu gracia transformadora y tu provisión en medio de mis dificultades. En el nombre poderoso de tu hijo Jesucristo, Amén.

1. Reflexiona en estos versículos:

   Jeremías 33:3

   Juan 14:13-16

   Salmos 51:17

2. Ora y clama al Señor por tus necesidades, con la seguridad de que Él te escucha.

Día 27

Anhela el propósito de Dios

Versículo clave:

"Porque yo sé muy bien los planes que tengo para ustedes -afirma el Señor-, planes de bienestar y no de calamidad, a fin de darles un futuro y una esperanza".

Jeremías 29:11

En el tejido de nuestras vidas, a menudo encontramos hilos de incertidumbre y desafíos. Puede sentirse como si estuviéramos navegando en un océano de dudas, sin saber qué nos depara el mañana. Sin embargo, en medio de todas nuestras preguntas y temores, Dios nos ofrece esperanza y una promesa en Jeremías 29:11.

En medio de la opulencia del antiguo Persia, se desarrolló una historia de intriga, valor y el poder transformador de la providencia divina. Esta historia se centra en una joven judía llamada Esther.

Esther no nació en la realeza, ni buscó ser reina, pero Dios tenía un propósito más grande para ella. A través de una serie de eventos aparentemente aleatorios, esta joven se encontró en el centro del palacio real, siendo elegida la nueva reina del rey Asuero.

Sin embargo, el verdadero giro en su historia ocurrió cuando un funcionario llamado Amán tramó un plan para exterminar a todos los judíos del imperio persa. Esther se encontró en una encrucijada. Podía quedarse en silencio y proteger su propia seguridad o arriesgar su vida al revelar su identidad judía y abogar por su pueblo.

Esther tomó una decisión valiente. Reunió coraje, ayunó y oró, buscando la dirección de Dios en medio de la incertidumbre. Luego, se acercó al rey Asuero, reveló su origen judío y expuso el malvado plan de Amán. A través de su valentía y la providencia divina, Esther logró cambiar el destino de su pueblo y salvarlos de la destrucción.

La historia de Esther es una lección sobre cómo la obediencia a Dios y la valentía pueden cambiar el curso de nuestra vida y de aquellos a quienes tocamos. Puede ser que no entendamos completamente los planes de Dios en un momento dado, pero cuando confiamos en Él y actuamos con valentía, podemos ver cómo Dios usa nuestras vidas para el bienestar de otros y para Su gloria.

Hermosa, quiero que tengas presente, que cuando enfrentes circunstancias inciertas o desafiantes, recuerdes la historia de Esther. Ten el coraje de confiar en Dios y buscar Su dirección a través de la oración. Él tiene un futuro lleno de propósito y esperanza preparado para ti, y Él puede usar situaciones aparentemente adversas para llevar a cabo Su plan perfecto en tu vida.

Esther no era una reina por elección propia ni una líder planificada, pero Dios la posicionó estratégicamente en el palacio real para cumplir un propósito mucho más grande de lo que jamás imaginó. No estaba preparada para lo que se avecinaba, pero confió en el plan divino y se aferró a su fe.

En esos momentos en que las nubes de la duda oscurezcan tu camino, o cuando las tormentas de la vida parezcan estar fuera de control, ten el coraje de confiar en Dios. No temas buscar Su dirección a través de la oración, porque en Su sabiduría infinita tiene trazados planes de bienestar y esperanza exclusivamente para ti.

A veces, las circunstancias aparentemente adversas son la vía que Dios utiliza para llevar a cabo Su plan perfecto en tu vida. Así como Esther cambió el destino de su pueblo a través de su valentía, tu fe y determinación pueden desencadenar un impacto poderoso en tu propio camino y en la vida de quienes te rodean.

Recuerda, en esos momentos de incertidumbre, que Dios tiene un futuro lleno de propósito y esperanza diseñado especialmente para ti. No importa cuán difícil sea el presente, Su amor y cuidado están tejidos en cada detalle de tu vida. Confiando en Él y siguiendo Su guía, encontrarás la fortaleza para enfrentar cualquier adversidad.

Así que, adelante, avanza con valentía, y mientras enfrentas tus desafíos, sostén la mano de Dios con fe. Como Esther, podrías estar en el umbral de un cambio trascendental en tu vida, un cambio que cumpla un propósito divino más allá de tus sueños más audaces. Tu historia también puede convertirse en un testimonio vivo de la bondad y la misericordia de Dios.

Oremos:

Te pido, Señor, que infundas en mí la confianza en tus planes de bienestar y esperanza, incluso en medio de las circunstancias más inciertas. Permíteme, Padre, seguirte con determinación y valentía en cada paso de mi camino, sabiendo que Tú, en tu infinita sabiduría y amor, estás obrando en todas las cosas para mi bien.

Recuérdame constantemente que estás en control y que tus planes siempre prevalecerán. Encomiendo mi presente y mi futuro en tus manos, confiando en que puedes utilizar incluso las circunstancias más adversas para llevar a cabo tu propósito divino en mi vida.

Deseo que mi historia sea un testimonio vivo de tu bondad y misericordia, y que mi fe en ti inspire a otros a confiar en tus planes perfectos. En el nombre poderoso de tu Hijo Jesucristo, Amén.

1. Reflexiona en este versículo:

· *Romanos 12:2* **(No os conforméis a este siglo, sino transformaos por medio de la renovación de vuestro entendimiento, para que comprobéis cuál sea la buena voluntad de Dios, agradable y perfecta).**

_____
_____
_____
_____
_____
_____
_____
_____
_____
_____

2. ¿Qué aspectos de tu vida necesitan ser transformados para pasar a un próximo nivel?

_____
_____
_____
_____
_____
_____
_____
_____
_____
_____
_____
_____

Día 28

Pon tu Confianza en Cristo

Versículo clave:

"El Señor es mi luz y mi salvación; ¿a quién temeré? El Señor es el protector de mi vida; ¿quién me hará temblar?"

Salmos 27:1

En el inmenso lienzo de la historia, los Salmos son como un resplandor eterno que ilumina el camino de aquellos que buscan refugio en la presencia de Dios. Estas antiguas palabras de sabiduría continúan brillando como una guía en medio de la oscuridad, recordándonos que, en cualquier situación, el Señor es nuestra luz y nuestra salvación.

El Salmista, en su poesía inspirada, nos presenta una imagen vívida: *"El Señor es mi luz y mi salvación"*. En un mundo lleno de incertidumbre y desafíos, ¿qué significa esto para nosotros? Imagina caminar por un denso bosque en la noche. La oscuridad es abrumadora, y los temores acechan en las sombras. En ese momento, enciendes una luz brillante que disipa la negrura y te guía con seguridad.

Así es como Dios actúa en nuestras vidas. En medio de las noches oscuras de la incertidumbre, el temor y las dificultades, Él irradia como una luz constante. Su presencia nos ilumina el camino, permitiéndonos ver la esperanza en lugar del miedo, la victoria en lugar de la derrota y la salvación en lugar de la perdición.

La segunda parte del versículo nos asegura aún más: *"El Señor es el protector de mi vida; ¿quién me hará temblar?"* Imagina que estás rodeado de adversidad, que los desafíos y las amenazas se ciernen sobre ti. Sin embargo, tienes un guardián invencible, un protector que no conoce rival. ¿Qué temor puede prevalecer contra tal guardia?

Hoy, en tu propia historia, puede que te enfrentes a situaciones oscuras, momentos de incertidumbre o luchas internas. En esos momentos, recuerda este verso. Afirma con valentía que el Señor es tu luz, tu salvación y tu protector. Si Él es por ti, ¿quién puede estar en contra de ti? Nada ni nadie puede separarte de Su amor y cuidado.

Permítele a este versículo y a su verdad eterna arraigarse en tu corazón. Deja que la luz de Dios disipe cualquier sombra de temor o duda que pueda asomarse en tu vida. Camina con confianza, sabiendo que, con el Señor como tu luz y tu protector, puedes enfrentar cualquier desafío.

Oremos:

Querido Dios, en estos momentos de mi vida en los que puedo sentirme rodeada por la oscuridad o el temor, declaro con fe que Tú eres mi luz y mi salvación. Tú eres el protector invencible de mi vida, y no hay nada que pueda prevalecer contra tu amor y cuidado. Ayúdame a caminar en confianza, confiando en que siempre estás a mi lado, guiándome y protegiéndome. En el nombre de Jesús, Amén.

1. Medita en el versículo clave de hoy y deléitate en el amor y la protección de Dios sobre tu vida.

Día 29

Reclama
tu sustento

Versículo clave:

"No temas, porque yo estoy contigo;
no desmayes, porque yo soy tu Dios
que te esfuerzo; siempre te ayudaré,
siempre te sustentaré con la diestra
de mi justicia".

Isaías 41:10

Moisés, un hombre escogido por Dios para liderar al pueblo de Israel fuera de la esclavitud en Egipto, enfrentó desafíos inimaginables en su camino hacia la tierra prometida.

Hace miles de años, en la tierra de Egipto, un hombre llamado Moisés se convirtió en un testigo viviente de esta fidelidad. Moisés no era un líder nato, ni un estratega militar; era simplemente un hombre común que Dios eligió para llevar a cabo un propósito extraordinario: liberar al pueblo de Israel de la esclavitud y guiarlos hacia la tierra prometida.

Imagina el escenario: un vasto mar, el Mar Rojo, extendiéndose ante ellos, y detrás, el poderoso ejército egipcio en persecución. Para el pueblo de Israel, parecía que no había escapatoria. Las olas del mar rugían, y el temor se apoderó de sus corazones. Pero en ese momento crítico, la promesa de Dios se convirtió en su ancla.

Moisés, confiando en la promesa de Dios de estar con él, levantó su vara. Y entonces, un milagro asombroso tuvo lugar. Las aguas del Mar Rojo se dividieron, creando un camino seguro en medio de las profundidades. El pueblo de Israel cruzó a pie por el fondo del mar, rodeado de paredes de agua como un recordatorio tangible de la fidelidad de Dios.

Querida amiga, ¿puedes imaginar la asombrosa mezcla de emociones que experimentaron en ese momento? El temor inicial se convirtió en asombro y gratitud. Dios no solo los había librado de sus captores, sino que también había abierto un camino donde parecía no haber esperanza.

La promesa de Isaías 41:10 resuena con la misma seguridad que Dios brindó a Moisés: *"No temas, porque yo estoy contigo; no desmayes, porque yo soy tu Dios que te fortalece; siempre te ayudaré, siempre te sustentaré con la diestra de mi justicia."* Esta promesa es un recordatorio de que, en cualquier estación de la vida, Dios está presente y dispuesto a fortalecernos.

Sabes, la vida no siempre es un mar en calma. Todos enfrentamos momentos de tormentas y retos, cuando las olas amenazan con engullirnos. Pero también experimentamos días de alegría, éxito y gratitud, cuando el sol brilla sobre nosotros y todo parece estar en su lugar.

Esta promesa de Dios nos recuerda que no importa la estación en la que nos encontremos, Él está con nosotros. En medio de las tormentas, Él nos fortalece y nos sostiene, y en los días soleados, nos llena de gratitud y alegría.

Entonces, mientras enfrentas las tormentas de la vida, recuerda la historia de Moisés y la promesa de Isaías 41:10. Y cuando experimentes momentos de alegría y éxito, reconoce que esa misma promesa es un motivo de gratitud y reconocimiento. En cada estación de la vida, Dios es tu refugio y tu fortaleza.

Oremos:

Señor, levanto mi corazón lleno de gratitud hacia Ti. Agradezco profundamente tu fidelidad inquebrantable, que se manifiesta en todas las estaciones de mi vida. En esos momentos de incertidumbre y temor, encuentro consuelo en tu promesa de estar conmigo, de fortalecerme y de sustentarme con tu justicia.

Hoy, con humildad y confianza, te pido que extiendas tu mano poderosa sobre mi vida. Sé que enfrentaré desafíos en el camino, y en estos momentos, busco tu fortaleza para superarlos. Que tu presencia constante sea mi refugio en medio de las tormentas, mi guía en los momentos de confusión y mi fuente de valentía cuando la debilidad amenaza.

En el nombre amoroso de Jesús, mi Salvador, te entrego mis preocupaciones y mis anhelos. Con la certeza de tu amor eterno, proclamo que, como tu hijo amado, soy fortalecido por tu gracia y sostenido por tu justicia. Que esta verdad me llene de confianza y paz en cada estación de mi vida. Amén.

1. Recuerda los momentos en los cuales Dios te ha salvado de distintas situaciones. Ahora pon en sus manos todos los temores que puedan existir en tu mente, recordando que Dios es el mismo de ayer, hoy y siempre.

Día 30

Reclama
lo que es tuyo

Versículo clave:

"Porque nada hay imposible para Dios".

Lucas 1:37

Estas palabras resplandecen con un brillo que traspasa las sombras más oscuras, una promesa que se mantiene firme sin importar las pruebas que enfrentemos. A lo largo de este mes, esta promesa se ha convertido en el pilar de nuestra fe.

Permíteme llevarte a una historia bíblica que ilustra de manera asombrosa la verdad de Lucas 1:37. Es la historia de Abraham y Sara, una pareja que se encontró en una situación que parecía completamente imposible, pero que presenció el milagroso poder de Dios.

Imagina por un momento a Sara, una mujer que había esperado durante décadas el cumplimiento de la promesa de Dios de darle un hijo. Con el paso de los años y el marchitar de su juventud, esa promesa parecía alejarse cada vez más, hasta que la idea de ser madre se volvió una risa de incredulidad.

Sin embargo, aquí es donde el versículo clave de hoy se convierte en una luz en medio de la oscuridad: *"Porque nada hay imposible para Dios."* (Lucas 1:37). En el momento más improbable, Dios intervino. A la edad de cien años, Abraham y Sara finalmente recibieron el hijo que Dios les había prometido, y lo llamaron Isaac, que significa *"risa"*, en reconocimiento a la risa de incredulidad que había llenado sus vidas.

La historia de Abraham y Sara es un recordatorio impactante de que, en las manos de Dios, lo que parece imposible se convierte en una realidad asombrosa. Dios cumplió Su promesa en el momento menos esperado y en las circunstancias más improbables. No importa cuán lejos parezca estar tu sueño, cuán inalcanzable parezca tu meta o cuán complicada parezca tu situación; con Dios, todo es posible.

Entonces, ¿qué significa esto para ti y para mí en nuestras vidas diarias? Significa que esta promesa no solo fue para Abraham y Sara, sino que también es para nosotros. Todos tenemos sueños, metas y desafíos que parecen imposibles de superar. Pero en estos momentos, podemos recordar que el Dios de Abraham y Sara es también nuestro Dios. Él es el Dios de lo imposible, el Dios que cambia vidas y hace realidad los sueños más audaces.

A lo largo de este mes, hemos explorado historias de personas que encontraron fortaleza y esperanza en la presencia de Dios. Hoy, quiero que hagas lo mismo. Coloca tus sueños, tus deseos y tus preocupaciones ante Dios. Confía en Su poder para hacer posible lo imposible en tu vida.

Y mientras hacemos esto juntas, quiero que sepas que no estás sola en esta aventura. Estoy aquí contigo, y más importante aún, Dios está a tu lado en cada paso del camino. Él está tejiendo tu historia en un tapiz hermoso y lleno de propósito, incluso en medio de lo que parece imposible.

Es hora de reclamar lo que es tuyo. Es hora de reclamar tus sueños, tus bendiciones y tus victorias. No permitas que la duda o el temor te detengan, porque recuerda: ***"Porque nada hay imposible para Dios."***

Hoy, te invito a orar en la intimidad de tu corazón. Habla con Dios, entrégale tus sueños y dile que confías en Su promesa de que nada es imposible para Él. Recuerda a Abraham y Sara, y cómo Dios transformó su risa de incredulidad en risas de alegría y asombro. Visualiza tu propia risa de incredulidad transformándose en una risa de gratitud.

Hace miles de años, en la tierra de Egipto, un hombre llamado Moisés se convirtió en un testigo viviente de esta fidelidad. Moisés no era un líder nato, ni un estratega militar; era simplemente un hombre común que Dios eligió para llevar a cabo un propósito extraordinario: liberar al pueblo de Israel de la esclavitud y guiarlos hacia la tierra prometida.

Oremos:

Amado Padre, en este día tan especial, vengo ante Ti con un corazón lleno de gratitud, humildad y expectativa, reconociendo que he recorrido un camino de fe en Tu presencia a lo largo de este mes. He explorado las profundidades de Tu inquebrantable amor y he sido testigo de la veracidad de Tu promesa de que *"nada hay imposible para Dios."*

En este momento de comunión contigo, entrego mis sueños, aquellos que parecen inalcanzables o insuperables. Sé, Señor, que, en Tus manos, nada es imposible.

Te pido que, con Tu justicia y poder, me fortalezcas para enfrentar los desafíos que se presenten en mi vida. Permíteme vivir con una confianza renovada en que Tú eres el Dios de lo imposible, el obrador de milagros y el cumplidor de sueños. Así como transformaste la risa de incredulidad de Abraham y Sara en risas de alegría y asombro, te pido que transformes mi incredulidad en una profunda confianza en Ti.

Que cada paso que dé, cada desafío que enfrente y cada victoria que experimente sea un testimonio vivo de Tu poder y fidelidad. Estoy lista, Señor, para reclamar lo que es mío en Ti, confiando plenamente en que, contigo a mi lado, no hay límites para lo que puedo lograr.

En el nombre de Jesús, quien me mostró que en Ti se cumple lo imposible, Amén.

Agradecimientos

En primer lugar, mi profundo agradecimiento a Dios, quien infundió esta visión en mi corazón y me dió la inspiración necesaria para dar vida a este libro. Sin Su guía y propósito divino, esta obra no habría sido posible.

Quiero expresar mi gratitud a todas las personas que desinteresadamente contribuyeron a hacer realidad este sueño. Agradezco enormemente a mi amiga y ghostwriter, Cecily Betancourt, por su habilidad para plasmar mis pensamientos en cada página de esta obra, juntas le dimos vida y significado.

También quiero reconocer a Yaniris Felipe por su labor de edición, que pulió cada palabra y aseguró que este libro alcance su máximo potencial. Mi agradecimiento se extiende a Aleyso Bridger, por su apoyo constante en este proyecto divino y a todo el equipo editorial de Aurum Books, quienes trabajaron incansablemente para materializar este libro en su forma física.

Un agradecimiento especial a mi talentoso fotógrafo, Alex Luna, cuya habilidad para capturar la esencia de esta obra quedó plasmada en la portada del libro, una imagen que representa la esencia de su contenido.

Finalmente, quiero expresar mi agradecimiento a mi familia, quienes son el motor que impulsa cada uno de mis proyectos. Su amor, apoyo y comprensión han sido una fuente constante de inspiración.

Gracias a todos por ayudarme a realizar este sueño, que esta obra sea una bendición para todos aquellos que la lean. *¡La Gloria es para Dios!*

Con amor y gratitud,

Ingrid.

Made in United States
Cleveland, OH
20 November 2024

10824876R00114